AF331059

Conserver la Couverture

34 87

SOUVENIRS & IMPRESSIONS D'UN SOLDAT DU 2ᵉ ZOUAVES

ALGÉRIE

TONKIN — CAMBODGE

PAR

Paul SAINMONT

Membre de la Société de Géographie
de Tours
et Lauréat de plusieurs Sociétés savantes

« *Olim meminisse juvabit !* »

ALGÉRIE

TONKIN, CAMBODGE

Aden.

ALGÉRIE

TONKIN — CAMBODGE

PAR

Paul SAINMONT

Membre de la Société de Géographie
de Tours
et Lauréat de plusieurs Sociétés savantes

« Olim meminisse juvabit ! »

DU MÊME AUTEUR

Une Commune rurale pendant et après 1789

SIMPLES NOTES HISTORIQUES

Sur un Village de Loir-et-Cher

A mon Grand-Père,
A mon Fils Maxime.

L'aïeul a vu deux fois déjà la France gémir sous l'invasion étrangère ; le récit de la vie de soldat de l'un de ses petits-enfants adoucira un peu l'amertume de ses vieux jours.

L'enfant qui lira ces lignes, apprendra auprès de son oncle comment on doit servir son Pays.

Tours, le 1er juillet 1889.

P. SAINMONT.

AVANT-PROPOS

Ce n'est point une histoire que nous présentons au lecteur, moins encore un traité technique d'expéditions lointaines ou d'administration coloniale, comme pourrait l'impliquer le titre de notre ouvrage.

Nous avons simplement recueilli les notes éparses d'un soldat, d'un brave petit zouave qui a fait son devoir modestement « sans peur ni sans reproche » pendant ses quatre années de séjour en Algérie et en Indo-Chine.

Il nous a donné ensuite de précieuses indications et, grâce à sa collaboration assidue, grâce aussi au généreux concours qu'a bien voulu nous accorder un officier distingué dont nous avons pu compulser largement le curieux carnet de voyage, il nous a été possible de préciser les détails, de multiplier les anecdotes et de donner à l'ensemble de notre récit, plus de méthode et de cohésion.

Nous avons pensé que notre livre serait bien

accueilli par les nombreux camarades qui ont vécu la même vie de dévouement et de sacrifice à la Patrie :

« Olim meminisse juvabit ! »

Ceux-là sont revenus fiers de leurs campagnes et enthousiasmés de revoir leur belle France, mais, après eux, longtemps encore sans doute, se succéderont dans les mêmes parages, de nouvelles phalanges de héros ; aussi, plus d'une mère nous saura gré, peut-être, de remettre sous ses yeux des tableaux où elle retrouvera le cher absent. Les récits du zouave Alexandre BOMER, soit qu'ils le représentent marchant avec son bataillon dans les rizières humides du Tonkin, soit qu'ils nous conduisent avec lui à travers les forêts vierges qui couvrent les bords du Mé-Kong, au Cambodge, pour revenir ensuite sous le soleil brûlant de l'Annam, ces récits-là suppléeront aux lettres crayonnées d'une main fatiguée, sur les genoux, et à de rares intervalles.

Enfin, nous offrons ces quelques lignes aux jeunes gens de nos écoles. Puissent-ils y puiser des sentiments d'admiration pour leurs aînés et le désir de lutter bravement comme eux pour l'honneur du drapeau français.

ALGÉRIE

CHAPITRE PREMIER

LA CONSCRIPTION. — DÉPART POUR ORAN

Le 8 février 1883 était la date fixée pour le tirage au sort; dès cinq heures du matin et selon une vieille tradition qui s'est perpétuée depuis l'époque dejà reculée du premier Empire jusqu'à nos jours, dans le petit bourg de Thenay (Loir-et-Cher), le tambour — Dieu! quel tambour! — battait le rappel; une animation extraordinaire régnait dans tout le village et les enfants, les gamins surtout qui, d'habitude à cette heure matinale, sont encore plongés dans les rêves blonds, écorchaient à qui mieux mieux l'immortel refrain de Rouget de l'Isle, tout en escortant le père Luquet, tambour de ville, qui avait laissé, pour la circonstance, son outil de fagoteur, Phâges, son hameau, dont il passait pour une des lumières, les ruines de l'antique abbaye de Cornilly et les bois de Saint-Laumer, théâtre journalier de ses occupations, pour nous régaler, nous les héros du jour, de sa musique à tour de bras.

Ah! c'était un fier homme que maître Luquet, et bien curieuse était sa bonne vieille figure lorsqu'entre les deux chicots qui lui restaient, il tordait son jacob culotté, et qu'animé par quelques rasades d'un bon petit bleu de Champcourt ou des Brosses, il faisait parler l'ébène sur son tympanum éraillé.

Bientôt, nous nous trouvons sur la place de l'église ; nous sommes huit et, après un lunch tout fraternel absorbé chez le ménétrier de l'endroit, qui joint à son noble titre d'émule de Mozart, la non moins noble qualité de cafetier-restaurateur, nous prenons, toujours précédés du père Luquet, le chemin de Montrichard, chef-lieu de canton.

Je ne veux point m'arrêter aux détails d'un tirage au sort : tout le monde — la plus vilaine moitié du genre humain, s'entend — a passé par ces émotions-là, et chacun sait que ce n'est pas sans un certain sentiment de curiosité que le jeune homme, aujourd'hui encore maître de ses actions, va plonger la main dans l'urne, cette boîte de Pandore pour nos mères, et peut-être se réveiller demain soldat, c'est-à-dire esclave d'une discipline inflexible.

Avec quelle impatience fébrile accompagnée de je ne sais quel indéfinissable mouvement d'hésitation, nous nous avançons à l'appel de notre nom.

Le numéro 41 m'échoit ; je suis soldat, à moins d'un cas de réforme que je ne me soupçonne pas ; j'en prends immédiatement mon parti, et quand, le soir venu, nous reprenons le chemin du village, c'est avec indifférence — j'allais presque dire, avec joie — que je porte la nouvelle à mon père qui m'attend, anxieux, sur le seuil de sa porte.

Pauvre père, il n'envisage pas la chose du même œil que moi, je suis son seul fils, et c'est sur mon bras qu'il compte pour l'aider dans ses pénibles occupations, m'associant déjà, dans sa pensée, à ses chagrins comme aussi à ses espérances d'avenir.

Du reste, il prit dans la suite assez allégrement son parti : j'étais soldat, quatre ans sont bien vite écoulés ; on en revient, du régiment, d'autres y sont allés qui s'en sont

bien tirés ; je reviendrai donc, puis après, on verrait à être
enfin tranquilles et à s'arranger pour le mieux.

Tel était son raisonnement, et le pauvre homme se trouvait sans doute bien loin de penser à la perspective, pour
son fils, d'une petite promenade au Tonkin... Mais n'anti-
cipons pas .   .   .   .

.   .   .   .

La revision venue et marquant le pas comme de vieux
troupiers, sous les coups drus et criards mais bien rhythmés
dont le père Luquet sait caresser sa peau d'âne aux abois —
il tient au cœur du brave tambour de nous en donner pour
notre argent — nous reprenons le chemin de Montrichard.
Je suis déclaré bon pour le service, et le 5 décembre 1883,
l'Orléans d'abord, puis la ligne de Paris-Lyon-Méditer-
ranée, nous emportent à toute vapeur, cinquante camarades et moi, vers des rivages inconnus : nous prenons à
Marseille le « Mohamed-es-Sadoc », transport à destination
d'Oran et, trois jours après, débarqué sur la terre africaine,
je déguste ma première gamelle dans les murs de cette
ville : je suis soldat au 2ᵉ zouaves !

CHAPITRE II

BLOIS. — MARSEILLE. — ORAN

Mais, il faut bien l'avouer, ce n'est pas sans avoir éprouvé un violent chagrin que je me suis éloigné de la terre de France; mes adieux à mon père, à ma sœur, à ma famille, à mes amis, ont été pénibles; qu'on me permette donc un retour en arrière et quelques réflexions sur le temps qui s'est écoulé pour moi, depuis mon départ de Blois jusqu'à mon arrivée en garnison.

Le 5 décembre donc il nous fallait être présents, mes camarades et moi, à la caserne de Blois, à 9 heures du soir au plus tard; nous partons accompagnés d'un ami qui a résolu de nous assister jusqu'à notre entrée à la caserne.

De guinguettes en guinguettes, de petits verres en petits verres, nous finissons par voir la journée s'éclipser rapide et le soir arriver trop tôt pour nous qui ne pouvons encore nous figurer ce que peut bien être l'exactitude du soldat; aussi à 9 heures et demie seulement sommes-nous au seuil du quartier.

Le sergent de planton, à qui je trouve tout d'abord l'air quelque peu rébarbatif, nous fait prendre la direction de la partie de la caserne où nous devons passer la nuit, le départ n'ayant lieu que le lendemain; je n'ai pas fait dix pas qu'un capitaine m'interpelle assez brusquement au sujet de mon retard ; je suis tellement abasourdi par cette sortie inattendue que je lui balbutie je ne sais plus quelle excuse, oubliant, entre temps, de me découvrir devant mon supérieur.

L'irascible officier, saisissant mon chapeau qu'il jette à terre, m'annonce, sans s'émouvoir, bien entendu, que j'ai quatre jours de salle de police à tirer. « — Et le tout n'est qu'un acompte, ajoute-t-il. »

L'argument ne souffre pas de réplique, et mon capitaine est déjà loin que je suis encore à me baisser pour ramasser mon couvre-chef; il me semble rêver !

Je débute ainsi dans le service militaire.

Quatre jours de salle de police, telle est l'eau sucrée qu'on verse dans mon verre pour adoucir sans doute cette coupe amère à laquelle je suis convié pour cinq ans ! C'est sans doute, aussi, un nouveau moyen de me faire oublier la vie de famille que je viens de quitter !

Quatre jours de salle de police, tel doit être aussi le baume réconfortant destiné à me tremper le caractère dès mon entrée dans cet inconnu qu'on appelle la vie de caserne !

Hélas! je ne l'oublierai jamais, cette première scène du 5 décembre 1883, dans la cour de la caserne de Blois, et je me rappellerai toujours que j'avais le cœur bien gros quand j'allai pour la première fois m'allonger sur la couchette de la chambrée, cherchant un sommeil réparateur qui ne venait point. Jusque-là, le chagrin, à part les larmes de la séparation chez mon père, ne s'est point fait sentir : les griseries de la journée, en compagnie de parents et d'amis, m'ont fait prendre mon parti en brave; mais, lorsque, livré à moi-même, je n'entends plus autour de moi que le ronflement de mes camarades et les bruits lointains et confus de la ville, quels pensers douloureux et cuisants viennent alors m'assaillir! Et mon père, et ma sœur, et mon village, oh! comme leur souvenir vient tournoyer dans mon esprit!

Je pleurais presque, et l'épée de Damoclès, que je voyais suspendue sur mon chevet, je la retrouvai le lendemain au réveil, quand le clairon sonna et que nous fûmes tous réunis dans la cour pour aller prendre le train.

Nous avions touché un pain pour deux : entre temps j'avais fait la connaissance d'un jeune homme de Mûr, village assez peu éloigné de Thenay; mon compatriote Brûlé, parti comme moi, était encore là, et nous devions faire le voyage et la traversée ensemble.

Mais nous voici à la gare, le train va partir : un coup de sifflet et la machine s'ébranle, nous entraînant sans arrêt notable jusqu'à Orléans où nous stationnons une heure et demie, juste le temps qu'il nous faut pour entrer dans un petit restaurant casser la croûte, visiter Sainte-Croix et le monument de la Pucelle, au bout de la rue du Martroi, puis nous rentrons en gare, à destination de Vierzon.

Après Saincaize, deuxième halte, nous prenons la vallée du Rhône, et nous atteignons Lyon où nous passons vingt-quatre heures dans la caserne des « Isolés » — je pourrais dire des « Désolés », car elle n'a rien de bien gai, cette caserne, surtout pour nous autres, oiseaux de passage qui ne demanderions qu'à courir de ci, de là, pendant nos quelques instants de répit.

Mais nous sommes consignés, et défense expresse nous est faite de sortir en ville. Il y a là une sorte d'estaminet, décoré, s'il vous plaît, du nom de cantine, et dont la principale pièce, qu'on dit la salle à manger, nous renseigne suffisamment sur la valeur du service qu'on y trouve ; mais il faut bien passer par là. Nous nous attablons, tous bien résolus à rompre en visière avec notre quasi-jeûne forcé qui dure depuis la veille.

On nous présente un potage : de l'eau tiède un peu salée sentant le suif et dans laquelle se battent en duel quelques croûtes de pain, tel est le premier plat. Cela nous prend à la gorge et nous donne des rancœurs, mais nous avons faim et nous mangeons quand même.

Viennent les fameuses saucisses, — on sait que le saucisson et les rillettes sont la spécialité du pays, — une lueur d'espoir me reprend donc, mais je suis vite déçu, car elles pourraient être bonnes, mais elles sont frites dans le suif, c'est écœurant ! Mes deux camarades et moi nous nous hâtons de céder la place à d'autres, et j'ai toutes les peines du monde à empêcher mon ami Brûlé de tomber sur le gargotier.

Le lendemain, 7 décembre, nous prenons le chemin d'Arles où nous campons sept jours, après quoi nous sommes dirigés sur le port d'embarquement.

Je dois dire en passant, pour rendre hommage à la vérité, que le sergent qui nous conduit a profité de cette semaine passée à Arles pour me faire mettre à jour avec le registre de punitions, et le souvenir du capitaine de Blois m'est revenu avec la salle de police que j'ai été invité à purger à son intention.

Me voici donc en présence du plus beau et du plus imposant spectacle qu'il me sera jamais donné de voir, la mer !

En route, j'ai fait mille suppositions pour me figurer ce

que cela peut bien être que cette grande chose dont j'ai si souvent entendu parler à l'école; mais tout ce que j'ai pu supposer n'est rien en comparaison de l'effet grandiose que produit sur moi cette immensité d'eau qui ne finit pas; mes yeux sont trop petits pour contempler et je voudrais voir plus qu'il ne m'est possible.

Et puis, je trouve quelque chose de fantastique dans le spectacle donné par cette forêt de mâts surmontés de pavillons multicolores et dansant cahin-caha, selon qu'un coup de vent soulève la vague et produit des remous. A mon avis, rien de plus curieux dans un port, pour celui qui observe tout, que de voir le flot ainsi poussé par une force invisible, venir déferler et mourir sur le flanc rugueux de ces mille vaisseaux majestueusement assis sur leur coque d'acier !

Mais nous embarquons : le *Mohamed* vomit à travers les cordages et les mâts des tourbillons de fumée épaisse; le sifflet de la machine, auprès duquel celui du chemin de fer me fait l'effet de l'aboiement d'un roquet contre celui d'un Terre-Neuve, lance dans les airs un son rauque, assez faible tout d'abord, mais qui progresse, devient strident, vous pénètre et produit longtemps encore après qu'on l'a entendu, des bourdonnements dans les oreilles; les matelots hissent le pavillon qu'on met en berne, un coup de canon se fait entendre, c'est l'adieu à la terre.

La grande maison roulante s'ébranle et, du coup, nous voilà partis, laissant derrière nous la France avec ce qu'elle contient de plus cher à nos cœurs.

Quelques larmes m'échappent, car cette sorte de mise en scène, pour prendre congé du sol natal, est solennelle, je me retourne instinctivement du côté du rivage, et le nom

de mon père et celui de ma sœur chérie me reviennent
sur les lèvres ; mais j'ai bientôt dominé mon émotion, car
les camarades sont là et, pendant que la machine exhale
de ses entrailles de fer sa respiration toujours puissante
mais maintenant plus régulière et que le *Mohamed* fend
l'onde avec une vitesse de dix nœuds, nous entonnons un
chant patriotique et, quand bientôt la Patrie n'offre plus
à nos regards qu'un petit coin de son rivage, un dernier
cri s'échappe de nos poitrines : « VIVE LA FRANCE ! »

Le lendemain, 17 décembre, nous côtoyions les îles
Baléares, célèbres comme on sait par leurs vins exquis et
dont les principales sont Majorque et Minorque ; nous
apercevions également un peu plus loin les côtes d'Espagne
et, après avoir navigué encore toute la soirée, nous met-
tions pied à terre et entrions à Oran !

CHAPITRE III

Je ne veux point faire d'efforts d'imagination pour
décrire d'une manière pompeuse les pays que j'ai traver-
sés, tel n'est point mon rôle; encore moins prétendrai-je
imposer à quiconque mes appréciations; je raconte tout
simplement ce que j'ai vu et je juge à ma manière, laissant à chacun la liberté de me contrôler : du reste je ne
parle que de ce qui m'est arrivé. L'Algérie est bien grande,
et vouloir donner une description complète de cette autre
France n'est pas en mon pouvoir : mon récit concernant
le Tonkin sera plus circonstancié; j'y ai séjourné plus
longtemps; qu'on ne s'étonne donc pas de me voir rester
dans le cadre restreint de mes petits voyages et de mes
excursions de troupier en campagne : je dis en campagne,
car, dès mon arrivée en Algérie, je ne fis pas de grandes
classes comme soldat et je marchai toujours, campant
comme l'Arabe, aujourd'hui ici et demain là. J'ajouterai à
ce propos que, dans mes quatre années de présence au
corps, je couchai à peine trois mois dans un lit; c'est dire
que je fus souvent en route, soit ici, dans les steppes de
l'Afrique, soit plus loin, dans les rizières ou le long des
fleuves du Tonkin.

Les notes que je consigne dans ce livre sont, à quelque chose près, la copie de mon carnet de voyage ; qu'on n'y cherche donc pas des phrases, mais des faits. .   .   .   .   .

.   .   .   .

Deux jours après notre arrivée à Oran nous étions armés : je me sentais déjà presque un bon soldat et, à dater de ce jour, je compris que je me devais tout entier à ma patrie. Je pris donc la ferme résolution de chasser loin de moi toute idée d'ennui ou de découragement ; on nous montra à faire le sac, à manier le fusil, à construire notre maison de campagne, — je veux parler de la tente.

Pendant mes instants de loisir, je visitai la ville qui est très remarquable par sa situation topographique d'abord. Elle est le chef-lieu du département du même nom ; les sous-préfectures sont Mascara, Mostaganem, Sidi-bel-Abbès et Tlemcen. Le port, dont je parlerai tout à l'heure, est magnifique et très important.

La ville s'élève sur le flanc d'un ravin immense que la civilisation française a changé en un magnifique tunnel. Beaucoup d'étrangers, des Espagnols surtout, en composent la population. Ces derniers occupent toute l'ancienne ville, à l'ouest, tandis que nous avons édifié la nouvelle sur le plateau est. Des monuments splendides, des rues larges avec de beaux trottoirs, des places publiques plantées d'arbres, des squares remplis de verdure et d'ombrage pendant l'été, des promenades superbes, parmi lesquelles celle de l'Étang, voilà ce qui fait la beauté de cette cité qu'on croirait absolument construite sur la terre française, si l'œil n'était ramené à la réalité par la vue des mille costumes bariolés de ces Orientaux, grands amateurs de breloques et d'oripeaux voyants, et si quelques mosquées célèbres, celles du Pacha et de Sidi-el-Haouri qu'on me dit remonter au xive siècle, n'étaient là pour nous rappeler que nous sommes en pays arabe, sous l'œil du Prophète et la protection d'Allah !

Les églises ne manquent pas non plus, il y en a de belles ; je dois citer surtout la cathédrale, car Oran est le siège d'un évêché, et parmi les monuments civils, la Mairie et la Préfecture.

La ville a ses faubourgs : le village nègre des Djalis n'est pas le moins curieux à visiter.

J'ai remarqué que généralement l'élément qui forme la population de ces différents quartiers est bien tranché.

Les Juifs, au nombre d'environ 3,500, occupent aussi une partie de la ville. Il y en a de riches, mais la plupart sont gens mal vêtus, exerçant des professions plus ou moins avouables, parmi lesquelles le traditionnel prêt à usure, et semblant se complaire dans leur extérieur crasseux.

Il n'est pas de mauvais tour qu'on ne se croie autorisé à leur jouer. Que de fois n'en ai-je pas vus aux prises avec des Arabes ou des nègres, dans des rixes qui n'étaient point leur fait, sans que leur bon droit fût jamais reconnu !

Pour tout dire, quand une dispute s'élève, lorsqu'un scandale se produit aux abords de leur quartier, on cherche toujours le Juif, et je n'ai jamais pu me rendre un compte exact de cette antipathie presque naturelle qu'on professe là-bas pour cette malheureuse race : on la dirait maudite !

J'ai dit que toute une partie de la ville était occupée par les Espagnols ; il n'y a rien d'étonnant à cela quand on saura qu'Oran ne doit son importance exceptionnelle qu'à sa proximité des côtes d'Espagne ; elles ne sont éloignées que de 100 kilomètres, et elles donnent un grand débouché à toutes les productions indigènes. Les dix ou douze heures de traversée qui séparent les deux terres favorisent donc le commerce et les transactions et sont pour Oran une grande source de prospérité.

Le port est très important : une jetée de mille mètres de longueur le protège contre les coups de vent, et de nombreux vaisseaux peuvent mouiller dans les vingt-quatre hectares qui forment sa superficie ; une nouvelle jetée, moins importante que la première, va, du tunnel, rejoindre l'ancienne pour former un magnifique bassin au moyen duquel les navires peuvent amener leurs voyageurs et leurs marchandises jusqu'au débarcadère du chemin de fer et renouveler, avant de partir, leur chargement avec les produits du pays que la ligne ferrée amène là en quantité.

Dans le fort Saint-Philippe est aménagée la caserne des zouaves et ce qui reste, à proprement parler, des anciennes constructions, est occupé par les détenus militaires.

Le général et la musique militaire sont installés au Château-Neuf, tandis que le magasin d'habillement occupe la Kasba. Dans l'enceinte de ce dernier fort, on a édifié la caserne neuve : c'est le point culminant de la ville, et le coup d'œil dont on y jouit est ravissant.

Pour me résumer, Oran est absolument une préfecture française ; l'ouvrier y trouve une occupation lucrative et le riche peut s'y procurer le bien-être et le superflu que la fortune donne chez nous à ses favoris.

Le 15 janvier 1884, nous partons en colonne pour Tlemcen et sommes cinq jours en route. J'ai de la chance pour ma première sortie, car le chemin est excellent, et nous sommes bien accueillis par les habitants de tous les villages que nous rencontrons, tels que Misserghin, chef-lieu de canton assez important où l'on nous fait remarquer un bel orphelinat de garçons, avec une vaste pépinière qui en dépend, Bou-Tlélis, Lourmel, notre deuxième étape et ville de création française, ces deux derniers villages très gais, situés qu'ils sont sur la ligne du chemin de fer d'Oran à Tlemcen. En janvier 1884, cette voie ferrée n'était en exploitation que jusqu'à Bou-Tlélis ; nous traversons encore Aïn-Thémouchent dont il sera question plus loin ; puis enfin, voici Tlemcen.

Nous nous croyons en France, et nous rencontrons de chaque côté de la route des plaines de cultures que ne renieraient point du tout la Touraine ou la Beauce.

Tlemcen est une des plus jolies sous-préfectures du département d'Oran et le chef-lieu d'une division militaire. C'est une ville très commerçante, où les affaires se brassent sur la plus grande échelle, son marché étant quotidien. On rencontre là des marchands de toutes les nationalités : Arabes, Espagnols, Français, Marocains ; ces derniers surtout me paraissent dominer, car les étalages sont bondés des produits de leur pays.

Tlemcen a dû posséder autrefois une certaine importance dans l'histoire du pays, si j'en juge par son mur d'enceinte et par sa citadelle qui n'est autre chose, paraît-il, que l'ancien palais de ses rois.

C'est au milieu d'une campagne accidentée, mais fertile et couverte d'arbres fruitiers, que cette ville est assise. On cultive aux alentours toutes les céréales.

Je dois mentionner aussi des chantiers très importants

d'alfa, et j'aurai l'occasion de rencontrer ce produit bien souvent, à mesure que je m'enfoncerai davantage dans la région des Hauts-Plateaux.

Sans compter ses écoles publiques, Tlemcen entretient un collège communal dont les bâtiments sont très heureusement disposés ; il y a de belles promenades autour de la ville, le bois de Boulogne, notamment, dont l'un de mes camarades, Moreau, que nous retrouverons au Tonkin, faisait ses délices. Inutile d'ajouter qu'il est Parisien et qu'on s'explique ainsi sa prédilection pour le bois de Boulogne africain.

A deux kilomètres de la ville, on trouve Sidi-Bou-Médine, village arabe possédant une fort belle kouba, très fréquentée des indigènes qui y viennent prier sur le tombeau de deux marabouts fameux.

Les environs de Tlemcen sont si agréables que je dois mentionner ici une excursion que nous y fîmes, Moreau, Brûlé et moi. Au sortir de la ville, assise au milieu des monts qui portent son nom et qui sont des plus importants de l'Algérie, nous trouvons des sites naturels de toute beauté, des gorges d'une profondeur inouïe et du fond desquelles l'œil se perd dans les mille détails qui ornent de chaque côté le flanc ou la crête des montagnes.

Ici, ce sont des grottes dont l'entrée est défendue par des fouillis de verdure ; là, des ravins au-dessus desquels il nous arrive parfois de rencontrer des blocs de rocher qui surplombent et semblent, par une illusion d'optique, des monstres installés là pour défier l'abîme. Parfois, le rocher s'en va rejoindre l'autre bord : c'est un pont naturel, et l'architecte qui l'a construit n'a pas voulu rompre le ton général et l'harmonie du tableau sauvage qui nous entoure, car on n'y remarque ni les lignes régulières, ni l'architecture élégante de nos ponts de pierre, ni la hardiesse légère et calculée, dans leur métallique ossature, du viaduc de Garabit, par exemple, ou de la célèbre tour Eiffel.

Nous remarquons, mes camarades et moi, que l'ingénieur qui a enfanté ces bizarres conceptions, pour n'être pas sorti de l'école des « Beaux-Arts », n'en a pas moins son mérite original, car son œuvre doit déjà compter bien des siècles d'existence.

Tout autour de la ville, nous avons l'occasion de jouir de spectacles semblables, car ces montagnes abondent en curiosités naturelles bien dignes d'être visitées.

Je dois mentionner une autre promenade jusqu'aux cascades d'El-Ourit, sur le Meffrouch qui s'appelle, quelques kilomètres plus loin, le Saf-Saf.

C'est une succession de dix ou douze magnifiques chutes d'eau qui tombent d'un pan de montagne sur l'autre avec un grondement formidable et qu'on peut admirer en passant sur un pont de pierre fort habilement jeté sur la rivière, un peu au-dessus du dernier saut.

Nous avons calculé que ces chutes pouvaient bien comporter à elles toutes une centaine de mètres de hauteur : c'est raisonnable, et en France, on courrait à moins.

Les officiers profitèrent de notre séjour à Tlemcen pour continuer notre instruction militaire ; je piochai dur ma théorie, car j'avais déjà le pressentiment que nous n'aurions pas beaucoup de loisirs pour flâner dans la chambrée.

Tous les instants que nous laissa le règlement, je les passai, comme je l'ai dit plus haut, en sorties dans les environs de la ville ; les petits bourgs sont là, à peu de distance, et le soldat qui a quelque argent de poche peut, sans trop de frais, se donner la satisfaction d'oublier la gamelle auprès d'un bon petit repas qu'on arrose généralement de quelques rasades de vin de Mansourah, de Négrier ou de Bou-Médine. Ces différents crus, avec ceux des rives de la Tafna que j'oubliais, sont en honneur dans la contrée.

Et, puisque j'ai prononcé le nom de la Tafna, il est bon de rappeler que ce fut sur les bords de cette rivière, qu'en 1837, le maréchal Bugeaud fixait, de concert avec l'Émir Abd-El-Kader, les limites de nos possessions d'Afrique, lui cédant, entre autres clauses, la ville de Mascara ; mais ce traité, l'Émir le rompit deux ans après.

Un jour, on nous fait mettre sac au dos pour aller à Aïn-Témouchent : nous formons deux compagnies : il s'agit de l'exécution de Mustapha-Ben-Bahi, célèbre brigand qui a semé la terreur chez tous nos colons et dont la conscience est chargée d'une multitude de forfaits accomplis avec une audace et une férocité inouïes.

L'exécution a lieu avec une certaine mise en scène, sans doute pour produire sur les indigènes venus en foule, une impression salutaire. On craint des troubles, voilà pourquoi nous sommes allés prêter main-forte à la Justice.

Ben-Bahi paraît : c'est un maître gaillard, un Arabe dans toute l'acceptation du mot. Sa figure est d'une énergie peu commune, ses grands yeux bruns brillent comme ceux d'un fauve emprisonné qu'on exciterait, et la vivacité et l'intelligence transpirent sur le teint basané de son visage farouche. Ses velléités de révolte contre les aides du bourreau qui ont peine à le maintenir, ses soubresauts de colère et tout son extérieur plein d'une hardiesse sauvage m'expliquent bien un peu toutes les difficultés qu'on a éprouvées pour le mettre en lieu sûr.

Parvenu devant l'échafaud, il fait un mouvement de recul instinctif et tente un effort suprème ; c'est inutile, car en un clin d'œil il est ligotté, puis allongé sur la planche fatale ; deux secondes après, il va rendre ses comptes chez Allah, après avoir ainsi réglé ceux qu'il avait avec les hommes.

J'ai vu autour de la guillotine une vieille fermière qui nous a dit avoir eu à son service Ben-Bahi, comme domestique : c'était, dit-elle, un jeune homme doux comme une fille et très laborieux. Il eut le malheur d'être repris par son père qui fit de lui l'assassin que nous avions sous les yeux.

Je mentionne ici ce fait que tous les journaux de France ont relaté à cette époque. On ne s'étonnera pas que je lui aie accordé dans ces notes une aussi large hospitalité, quand on saura que la capture de ce bandit avait, pour nos belles possessions du Sud-Oranais, une importance capitale. Le Conseil général lui-même du département d'Oran, à la suite de ses méfaits et de son arrestation, était saisi, dans sa session d'octobre 1883, d'une proposition tendant à augmenter partout les mesures de police pour assurer la sécurité des personnes et des choses.

Malheureusement, à l'époque où le 2ᵉ Zouaves passa par là, nous fûmes encore témoins de bien des déprédations. Ben-Bahi avait fait école, et des bandes armées semaient çà et là l'épouvante et la ruine. Quelle pouvait donc être la cause d'une situation aussi troublée ? L'insurrection tout récemment comprimée de la célèbre tribu des Oled-Sidi-

Cheiks dont je dirai un mot plus loin, à propos de son passage à El-Aricha, n'était-elle pas encore pour quelque chose dans l'exécution audacieuse de tous ces brigandages? Il faut le croire, car si la masse des insurgés avait reçu l'aman, c'est-à-dire le pardon, quelques meneurs restaient sans doute, véritable levain de fermentation malsaine qu'il nous était peu facile d'exterminer complètement.

Et puis, en 1884, la misère était grande dans ces parages ; les inondations de l'année précédente avaient compromis les récoltes ; les troupeaux qui forment la richesse de tous les douars environnants, n'ayant plus de pâturages, avaient disparu, de sorte qu'en rapprochant ce concours de circonstances fâcheuses, on pourrait s'expliquer encore l'origine de tous ces méfaits commis, bien souvent, par des gens à bout de toutes ressources et qui n'avaient plus qu'à chercher une direction dans la personne d'assassins comme Mustapha-Ben-Bahi.

Le gouvernement général avisa donc à remédier, dans la mesure du possible, à un état de choses si lamentable.

On établit, aussi bien dans les douars que dans les villages européens, tout un service de gardes-vigies et de patrouilles de nuit ; les Arabes eux-mêmes durent fournir des postes.

Enfin, pour obvier aux inconvénients qui pouvaient résulter de la réunion d'un trop grand nombre d'indigènes, on prescrivit que les tentes seraient groupées à un maximum de dix.

Telles furent les mesures particulières et pour ainsi dire locales.

Quant aux autres, voici, à quelque chose près, ce qu'elles furent : on doubla tous les postes de gendarmerie ; les

spahis, les chasseurs d'Afrique et les zouaves furent dissé-
minés un peu partout pour balayer les routes.

Bref, le gouvernement général usa de tous les moyens
à sa disposition, et j'ai même entendu dire que les aghas,
les cheiks ou les caïds chargés de la police des Musul-
mans étaient punis disciplinairement quand un crime était
commis sur le territoire soumis à leur juridiction sans
qu'on eût pu saisir le coupable, et que bien souvent on les
révoquait quand il y avait récidive.

Toutes ces mesures furent bonnes et finirent par inspirer le respect aux pirates et la confiance à nos colons
découragés.

Aïn-Témouchent, 4,400 habitants, m'a semblé une assez
jolie ville, bâtie, dit-on, en 1851, sur les ruines d'un « oppidum » romain qu'on appelait « Timici ». Il y a là de beaux
moulins à farine sur l'Oued-Témouchent et l'Oued Séman.
C'est un centre très commerçant, qui possède un champ de
foire entouré de palissades et où fut exécuté Ben-Babi.

Une place publique très spacieuse occupe le milieu de la
ville, et elle m'a semblé constituer un lieu sacré pour les
Arabes qui y viennent journellement faire leurs dévotions.

On y trouve du bon vin que nous autres, soldats, pouvons
nous procurer à 20 et 25 centimes le litre ; la nourriture
n'y est pas non plus d'un prix excessif.

CHAPITRE IV

Nous revenons à Tlemcen ; on ne nous laisse pas le temps
de nous y ennuyer, car, le 6 avril 1884, nous recevons
l'ordre d'aller relever, à Raz-el-Mâ un poste qu'y occupe
le 2ᵉ Tirailleurs algériens.

Nous faisons étape à El-Goréa, simple ferme exploitée
par un Espagnol et, le deuxième jour, nous atteignons Sebdou.

C'est encore un village à la française, de 300 à 400 âmes,
et dont les maisonnettes en briques émergent sur les bords
de la Tafna, au-dessus d'une plaine remplie de riches cultures.

Sebdou est au pied d'une montagne ; en venant de Tlemcen, il faut, pour ainsi dire, l'escalader, car la route est
presque à pic. Mais, quand on est sur l'autre versant et
qu'on aperçoit le village, on ne peut comprimer un élan
d'admiration, à la vue de ce véritable petit paradis qu'on
prendrait pour une de ces villas princières des environs
de Nice, jetée au milieu de bosquets, sous le ciel bleu du
Midi de la France : n'oublions pas non plus que nous traversons le Tell, le climat le plus fertile de l'Algérie et dont
je toucherai un mot plus loin.

Une source abondante jaillit du flanc de la montagne et forme une belle cascade pour s'en aller ensuite, petit ruisseau capricieux et limpide, arroser le village et serpenter çà et là, à travers les frais jardins.

Mais il faut dire que le spectacle dont nous jouissons ici est celui d'une oasis, car, plus loin, nous retrouvons un terrain aride dont les immenses carrés d'alfa rompent seuls la monotonie et la tristesse.

Sebdou entretient une brigade de gendarmerie ; j'y ai vu aussi une fort jolie mosquée ; c'est également un chef-lieu de canton, et nous y avons un poste militaire. Le village possède un fort marché aux laines, très fréquenté des tribus du Djebel-Amour.

La destruction de Sebdou, le 9 février 1842, par les troupes du maréchal Bugeaud, est un fait d'histoire contemporaine qu'on doit se rappeler lorsqu'on y passe.

Nous marchons encore deux jours, dans un pays absolument dépourvu d'habitants, et pour ne rencontrer qu'El-Gor.

La nuit, nous campons dans ce désert ; on place des sentinelles aux quatre extrémités du camp, puis vient le repas de campagne assaisonné des chansons et des rires de chacun ; on est fatigué, mais, la journée finie, on trouve encore le moyen d'écouter les bons mots des boute-en-train de la compagnie ; nous nous endormons sur le sable, ce lit breveté S. G. D. G. pour déjouer toutes les conceptions des plus malins farceurs ; la nuit se passe tranquillement et si, parfois, nous sommes troublés, ce n'est que par le cri funèbre de l'hyène ou du chacal, ces animaux féroces, mais lâches, qui suivent toujours les caravanes pour dévorer les animaux qu'on abandonne ou déterrer les cadavres des animaux qui meurent en route, et qu'on est obligé d'inhumer dans les sables mouvants du désert.

A El-Gor, première étape depuis Sebdou, nous avions déjà trois jours de marche à notre actif et le sac était lourd sous les chauds rayons du soleil d'Afrique. D'anciennes murailles que je remarquai m'ont semblé indiquer que les Romains avaient dû passer par là et y construire un « oppidum » (1) assez important.

Mille et mille inscriptions diverses, les unes quelque peu saugrenues, les autres plus spirituelles, se déroulent sur ces murailles ; des noms d'anciens qui sont passés là avant nous, des bonjours et des souhaits adressés à ceux qui vont venir, témoignent absolument du caractère gaulois, et, à lire ces lambeaux de phrases que nous voyons, on sent que le Français éprouve, pour ainsi dire, le besoin de laisser derrière lui quelques traces de son humeur toujours joviale, même dans les lieux les plus tristes et les plus solitaires.

El-Gor, je dois le dire, est plutôt le nom d'une réunion de tribus nomades qui vivent dans ces parages du produit de leurs troupeaux, que celui d'un village réel, car nous n'y avons remarqué aucune construction. Encore un jour de marche et nous voici à Raz-el-Mâ qu'on appelle aussi Bedeau.

C'est un simple camp formé par nous et où quelques aubergistes se sont installés et forment tout l'élément civil, soit cinquante-deux habitants.

Nous dressons notre camp et fixons nos marabouts, d'aucuns pour peu de temps, car plusieurs détachements vont partir dès le lendemain, les uns pour construire un

(1) Mot latin qui signifie « place forte ».

télégraphe optique sur la montagne de Bégaiera, les autres pour vaquer à la surveillance des « Travaux » ; nous appelons ainsi, au régiment, les soldats condamnés par les Conseils de guerre au travaux publics ; ces détenus militaires construisaient alors la voie ferrée qui relie Magenta au Bégaiera et qui est le prolongement de celle qui vient d'Oran ; le reste, enfin, stationne à Raz-el-Mâ.

Huit camarades et moi nous fûmes, après quelques jours de repos, détachés dans la forêt de Daya pour abattre des arbres morts sur pied et les faire ensuite transporter à dos de chameau jusqu'au camp, pour l'alimentation du four à briques que nous y avions et le service des compagnies. Nous devions, en effet, nous autres zouaves, nous métamorphoser, selon la circonstance, en tuiliers, maçons ou charpentiers, et je puis affirmer que, sous la direction de nos chefs qui tenaient le rôle d'architectes, nous construisions, à Raz-el-Mâ, par exemple, un très joli petit cercle militaire, encadré de deux rangées de maisonnettes destinées aux officiers, le tout en briques, et ne manquant pas d'un certain cachet de coquetterie.

C'est là que j'appris pour la première fois ce que devait être l'existence aventureuse des tribus arabes qui nous entouraient et que je fis l'apprentissage de cette vie de campagne que nous allions bientôt mener au Tonkin.

Je trouvai que cette façon de vivre en Robinson des bois ne manquait pas de charme, et nous nous arrangeâmes un campement — j'allais dire un « buen retiro » — en règle, avec cuisine, dortoir et salle à manger, dans les fourrés profonds de cette forêt vierge remplie de lianes gigantesques et d'animaux de toutes sortes.

La cuisine fut l'objet de nos prédilections : rien ne nous

Un gourbi arabe.

manquait, il faut le dire : vin, café et tafia étaient à notre disposition, et nous n'avions guère que deux jours de travail sur six ; c'était délicieux, et le reste du temps se passait à la chasse. Or, Dieu sait si le gibier était abondant ; pour avoir du lait nous courions après les troupeaux de chèvres, très nombreux dans ces contrées, et je ne sache pas que nous soyons jamais rentrés les mains vides.

La nuit, nous avions, pour nous garder et nous prévenir du moindre bruit suspect, une sentinelle bien fidèle à sa consigne et qui ne dormait jamais que d'un œil : on a deviné que je veux parler d'un énorme chien de berger que nous nous étions procuré à Raz-el-Mâ ; véritable molosse, avec les crocs duquel un agresseur, qu'il fût bipède ou quadrupède, aurait certainement eu à compter.

Des bergers arabes campaient sur la lisière du bois ; moyennant quelques biscuits de soldat, dont ils sont très friands, nous avions le lait en abondance, ce qui apportait un peu de variété dans notre service de table.

Un jour que des soldats nous avaient amené des vivres, un magnifique lévrier, appartenant à un officier, sans doute, les suivit. — « L'affaire est bonne, insinuai-je à Brûlé, gardons le chien et vivent les lièvres ! »

Aussitôt fait que dit : l'un de nous caresse la bête qui le suit dans la brousse, nous faisons boire les camarades qui s'en vont légèrement émus et ne pensent point à l'animal.

Dire les parties de chasse au lévrier et le gibier rapporté n'est rien ; il fallait être là pour s'en rendre compte, mais je n'en suis point encore au plus intéressant de l'affaire.

A quelques jours de là, un Arabe qui habitait les environs

et qu'à son air et à ses riches vêtements nous reconnûmes pour un gaillard aisé, ayant aperçu le chien, vint nous trouver avec une provision de lait et, après mille circonlocutions d'un langage que nous avions peine à saisir et d'une mimique à faire courir un mort, il finit par nous demander s'il était à vendre. C'était une levrette; on lui répondit qu'elle avait ses petits et qu'elle n'était pas à vendre, mais que, s'il voulait donner un chevreau, nous l'échangerions contre un petit chien.

Le lendemain, mon Arbi, qui véritablement en pinçait pour les levriers, nous amena la chèvre qui fut aussitôt installée dans le marabout (1). Naturellement, le petit chien promis n'était point encore là, mais nous pûmes lui inspirer un nouveau regain de confiance, prétextant l'arrivée d'un prochain convoi.

L'Arabe est généralement méfiant: celui-ci nous crut cependant, fit l'aimable, et nous invita à l'aller voir dans son gourbi.

Moreau et moi, nous acceptons, sans avoir pris le temps de réfléchir aux conséquences fâcheuses qui peuvent résulter de notre démarche imprudente, car, en somme, nous ne connaissons pas cet homme, et c'est jouer assez gros jeu que de lui confier nos vies, mais nous brûlons du désir de voir ces gens-là chez eux et, ma foi, quand on est jeune on s'aventure souvent à la légère.

Le caporal du poste nous laisse donc partir en compagnie de l'Arabe, et, quand nous atteignons le campement de sa tribu, nous sommes, en un clin d'œil, entourés de gros chiens point commodes et de gens à mines plus ou

(1) On appelle ainsi de grandes tentes très logeables.

moins rassurantes ; quelques vieux surtout nous suivent assez indiscrètement, et leur mine patibulaire n'a rien qui puisse chatouiller notre confiance.

Mohamed-Ben-Boussa — ainsi s'appelle notre conducteur — nous fait comprendre qu'il est le chef de la tribu, et cette découverte nous satisfait quelque peu ; je dois dire que nous étions sans armes.

Enfin nous arrivons, toujours escortés et protégés par notre hôte, à l'entrée de son gourbi, véritable ménagerie où, pêle-mêle, semblent vivre les hommes et les animaux. Ici, ce sont des chèvres et des moutons avec leurs petits, là, de belles génisses ruminant béatement et semblant s'engourdir avec délices sur l'âpre senteur du foin qu'on leur sert : plus loin, de beaux poneys, véritables types de ces petits chevaux arabes qui courent si bien dans les sables du désert.

Une place dans le gourbi était néanmoins réservée à l'Arabe et à sa famille ; nous nous en approchons, et deux jeunes mouquaires, qu'il nous dit être ses filles, vaquent, l'une au pansement des animaux, l'autre aux soins du ménage.

Dès que cette dernière nous aperçoit, elle étend, sur un signe de son père, un tapis sur lequel nous prenons place — l'Arabe méprise en effet l'usage de la chaise ou du fauteuil — et elle nous apporte du lait qu'elle dispose à terre sur une peau de bouc. Notre hôte déguste le premier et me passe ensuite l'amphore ; j'en fais autant vis-à-vis de Moreau, après quoi Ben-Boussa nous fait visiter l'une après l'autre toutes les bêtes qui peuplent son arche de Noé ; il nous fait admirer au dehors de jolis petits chevaux, point sauvages, qui viennent à son appel, et il fait exécuter à ses chameaux l'exercice de la charge, c'est-à-dire qué ces derniers s'agenouillent pour qu'on puisse arriver à les charger plus facilement.

Mais une heure s'est écoulée, nous prévenons Ben-Boussa qu'il nous faut partir ; il remplit le pot de lait et, contrairement à ce qu'il avait fait tout d'abord, il m'invite à boire le premier ; je lui rends le pot, mais il se garde bien d'en offrir à Moreau, parce que, nous fait-il comprendre, mon camarade a fait le gourmand la première fois.

Il fait mettre du lait dans nos bidons, et nous reprenons le chemin du poste, très satisfaits de notre excursion, emportant dans notre esprit le tableau original de ce gourbi arabe, avec l'image austère de Mohamed-Ben-Boussa et la riante figure des deux mouquaires, ses filles.

Huit jours plus tard, le 10 juillet 1884, nous rejoignions la compagnie à Raz-el-Mâ, emmenant la petite chèvre comme souvenir, sans avoir jamais revu notre amateur de lévriers.

CHAPITRE V

Le 11 juillet 1884, nous quittions Raz-el-Mâ pour nous diriger vers El-Aricha où, trois jours après, nous fêtions militairement le 14 juillet. J'étais loin de penser, à un an seulement de distance en arrière, que la fête nationale serait venue nous trouver si loin de la Mère-Patrie. Nous étions en colonne, c'est-à-dire que nous n'avions pas beaucoup de moyens de célébrer avec pompe la fête de la Nation.

Mais j'ai toujours estimé que le vrai patriotisme, celui qui ne s'achète point ou qui ne se commande pas, n'est jamais dans l'exhibition de sentiments plus ou moins vrais exprimés avec grand renfort de pétards ou de fusées.

On nous accorde donc un supplément de ration avec un peu plus de vin, et la cantine fait le reste. Nous trinquons, quand c'est le soir, à la soupe : ceux d'entre nous qui connaissent des chants patriotiques nous en servent la primeur; nous les applaudissons, et chaque compagnie répète en chœur les couplets connus de tous : c'est là ce que nous pouvons faire de mieux, nous pensons à la France, et, du fond de ce désert où le sort nous a jetés, nous savons bien encore nous unir par la pensée aux joyeux refrains qui doivent se répéter à cette même heure sur tous les points de la métropole.

On lève toutes les punitions, et la journée se termine au milieu de la gaieté la plus franche et dans l'entrechoquement des verres.

El-Aricha est le dernier poste que nous sommes destinés maintenant à occuper dans la région des Hauts-Plateaux. On a vu, au sujet de Ben-Bahi, que cette fermentation de troubles qui couvait encore dans les tribus arabes en 1884, était due aussi, en grande partie, aux excitations sournoises d'indigènes appartenant à la tribu des Ouled-Sidi-Cheicks. Puisque j'ai eu l'occasion de la voir défiler devant notre camp, j'en dirai ici un mot, de cette fameuse tribu d'Arabes pasteurs.

C'est une des plus puissantes et des plus célèbres de celles qui habitent ces régions. Nous n'avons jamais pu mater complètement ces gens-là ; ils se sont soumis, mais toujours sous la force, et jamais sous la persuasion.

Chaque fois qu'ils ont cru pouvoir arriver à leurs fins et qu'ils ont senti nos précautions militaires se ralentir un peu de leur vigueur, ils ont tenté de relever la tête, soit en 1864, soit en 1870, soit encore tout récemment en 1881, sous la conduite du fameux Bou-Améma, un descendant de leurs plus célèbres marabouts, et marabout lui-même.

El-Abiod-Sidi-Cheick, 2,000 habitants, est la capitale de cette tribu ; elle possède une kouba ou mosquée très connue et où les Sahariens vont vénérer le tombeau du célèbre marabout Sidi-Abder-Rahman. Le temple arabe avait fini par devenir le foyer de l'insurrection, le point de ralliement de tous les chefs qui envoyaient de là leurs instructions à leurs lieutenants.

Détruite de fond en comble, en 1881, par le colonel de Négrier que nous retrouverons général au Tonkin, alors qu'il combattait l'insurrection des Ouled, sous les ordres du général Wimpfen, cette kouba vient d'être reconstruite au moyen d'une souscription, et sa réédification a même causé assez de bruit dans le département d'Oran, pour que le Conseil général posât à l'autorité militaire une question à son sujet.

Aujourd'hui donc, les Ouled Sidi-Cheicks ont de nouveau reçu l'aman, et c'est ce qui explique comme quoi nous les laissons pendant plus d'un mois camper tout autour d'El-Aricha.

Leur nombre fut évalué à 12,000 et, le peu de temps qu'ils restèrent nos voisins, ils usèrent avec nous des meilleurs procédés; il ne se passait guère de semaine qu'ils ne nous apportassent du lait, différents vivres et surtout des moutons rôtis dans leur entier.

Mais les officiers du 2ᵉ Zouaves se rappelèrent que Virgile a dit:

« ..... Timeo Danaos, et dona ferentes.
« Je redoute les Grecs, même avec leurs présents. »

et la confiance qu'on leur octroya fut de très minime importance; les postes furent doublés tout autour de notre camp pour maintenir à distance les membres de cette tribu qui semblaient vouloir prendre avec le troupier des libertés trop ennuyeuses et nous offraient à chaque instant les protestations d'une amitié trop empressée et, par conséquent, de mauvais aloi: nous connaissions nos gens. Par contre, le service devint plus dur, nous n'étions qu'une poignée d'hommes.

Un jour, un chef de la tribu vint chez un Espagnol mercanti ; je m'y trouvais avec quelques camarades ; l'hôtelier demanda au Sidi-Cheick ce qu'il voulait ; il ne reçut qu'une réponse équivoque et nous prévint de nous tenir sur nos gardes.

Le souvenir des malheureux assassinés traîtreusement par Bou-Aména dans un chantier d'alfa était encore bien frais ; aussi nous nous hâtâmes d'aviser le capitaine commandant le poste, qui télégraphia immédiatement au bureau arabe de Sebdou. Des ordres vinrent, aux termes desquels le Grand Chef des Ouled-Sidi-Cheicks dut évacuer immédiatement les lieux.

J'eus donc le plaisir de voir une tribu en voyage,

Pendant quatre jours ils défilèrent devant le poste : c'étaient des troupeaux de moutons à n'en plus finir, des chèvres, des bœufs, des chameaux, et tout cela s'avançant dans l'ordre le plus parfait, sous la conduite des bergers qui s'occupaient de tenir toujours les animaux dans la direction voulue, tandis que des cavaliers, en tête, par derrière et sur les flancs ouvraient et fermaient la marche, protégeant ainsi la caravane.

Mais ce n'était là qu'une partie du défilé : une multitude de chameaux apparurent encore, portant des tentes toutes tapissées des plus beaux velours et de pièces de soie aux couleurs les plus variées, et c'était dans ces tentes, véritables petits palais aériens, qu'étaient nonchalamment assises les femmes et les jolies mouquaires des chefs de la tribu. Chaque chameau était conduit par un serviteur et entouré de sept ou huit cavaliers armés jusqu'aux dents ; il y en avait comme cela une quantité, et cette marche en avant d'hommes et d'animaux de toutes sortes, formait

une cavalcade bizarre et bien digne assurément de faire
envie, en France, aux plus fameux organisateurs des fêtes
de Carnaval.

Ce départ imprévu pour la tribu ne souleva cependant
aucun incident; les Ouled-Sidi-Cheicks reprirent la direction du Sud pour s'en aller rejoindre leurs territoires par
delà les montagnes des Ksours et nous n'en entendîmes
jamais plus parler.

J'ai appris, depuis mon retour en France que les deux
marabouts Si-Ed-Dine-Ben-Hamza et Si-Hamza-Ben-Bou-
Becker, le premier, agha, et le second, personnage très important de la tribu, étaient venus, en juillet 1885, avec le
caïd M'hamed-Ould-Si-Ahmed, faire un voyage à Paris, et
qu'ils avaient été immédiatement reçus avec cordialité par
le Président de la République.

Cette démarche, pleine de déférence à notre égard,
témoigne donc de la soumission complète de cette tribu
remuante, et il faut espérer que nous n'aurons plus désormais avec elle que des rapports de bon voisinage.

A trois mois de là, nous retournions nous concentrer à
Raz-el-Mâ avec les chasseurs d'Afrique, les spahis, la
Légion étrangère et le 144e de ligne, en vue des grandes
manœuvres.

Nous passions par Daya, village qui donne son nom à la
forêt dont il a été question plus haut. C'est une jolie bourgade sise au milieu des bois, fort coquette, ayant des rues
bien alignées, son église et sa mairie. Les maisons sont
neuves, et la population se compose de Français et d'Espagnols; j'y ai vu un hôpital militaire très bien tenu, où
nous envoyons les malades de nos postes avancés, Le jour
que nous y passons, j'y rencontre beaucoup de camarades

qu'on y avait évacués à la suite d'une épidémie de rougeole
qui s'était abattue sur le camp de Raz-el-Mâ.

Sur la route de Daya à Magenta, l'œil admire une véritable mer de verdure ; ce sont des arbres fruitiers et d'abon-
dantes récoltes, richesse et espoir de nos colons.

Daya est desservi par quatre belles routes, dont un
chemin de grande communication pour aller à Sidi-Bel-
Abbès.

Peu après, nous visitions Magenta, Si-Slycem et Ben-
Youb.

Magenta, qui n'est qu'une section de la commune mixte
de Telagh, est sur la ligne de chemin de fer d'Oran à Raz-
el-Mâ par Sidi-Bel-Abbès ; c'est un très joli centre français,
avec une belle place et des marchés très achalandés.

En passant là nous trouvons une superbe occasion de
rire, à propos de la justice musulmane : c'est jour de marché ; les acheteurs et les vendeurs sont nombreux, et il y
a là des dattes, du blé, de la volaille, etc.

Tout à coup, nous apercevons, juché sur un tréteau,
une sorte de grand diable d'Arabe, vêtu d'une souquenille
malpropre et ayant à ses côtés un scribe encore plus crasseux ; ce dernier me semble prendre des notes et deux
Arbis, placés en face, répondent à un interrogatoire.

Un officier nous dit que nous avons devant les yeux un
juge de paix et j'apprends ainsi que ces juges forains,
pour la plus grande commodité des justiciables, se
rendent sur les foires et les marchés, offrant leur ministère et redressant les torts, tout simplement, entre un cent
de choux et un sac de blé.

Mes camarades et moi, nous nous divertissons beaucoup
de cette coutume et nous trouvons bien primitive cette

bonne justice qu'on mène ainsi au marché comme une denrée alimentaire.

Lorsque nous passons par là, Si-Slycem n'est encore qu'un vaste chantier de travailleurs occupés sur la ligne du chemin de fer; quant à Ben-Youb, c'est un fort village français, dont les habitants se livrent principalement à la culture du blé et de la vigne. Une jolie rivière, la Mékerra, le coupe en deux, et quelques moulins lui donnent de l'animation, en même temps qu'ils favorisent le commerce des farines.

Ce village rappelle le souvenir du général Chanzy qui, après avoir bataillé en Algérie, principalement dans l'expédition de l'Oued-Guir contre Bon-Améma, fut, pendant six ans, gouverneur général de notre belle colonie, et se fit remarquer surtout par ses tendances à multiplier les voies ferrées. Son nom fut donné à Ben-Youb, qu'on appelle aussi Chanzy.

Mais avant de quitter ces régions lointaines dans lesquelles j'espère bien ne plus revenir, car nous voici sur la route de Sidi-Bel-Abbés et Oran, je leur dois un petit mot d'adieu; et le Tell, ce grenier d'abondance, ce jardin de l'Algérie; et les Hauts-Plateaux, ces solitudes immenses dont l'uniformité n'est rompue çà et là que par les pics élevés des monts de Daya, des Ksours ou du Djebel-Amour, méritent bien une petite mention.

La contrée que j'ai trouvée la plus fertile dans mon voyage d'Oran à El-Aricha, est, sans contredit, celle du Tell, espèce de plateau — qui s'étend de la mer aux limites du Maroc et se continue par Sebdou (sud-ouest), Daya (sud), Saïda, etc... Depuis notre conquête, les colons ont toujours semblé préférer cette région, qui fournit largement aux besoins de sa population et alimente les marchés des gros centres qu'elle renferme. Le sol n'a aucun besoin d'augmentation, il produit de lui-même, et le seul ennemi qu'on y ait à combattre est la sécheresse, qui se fait sentir souvent pendant une bonne partie de l'année ; mais on obvie aux inconvénients qui en résultent par un système de barrages pratiqués en beaucoup d'endroits et dont celui de l'Habra, que j'ai vu près de Perrégaux, est un très curieux spécimen.

On a formé là un immense lac, dans lequel les cultivateurs puisent, au fur et à mesure de leurs besoins, au moyen d'écluses très ingénieusement construites, et c'est ainsi que ces barrages permettent de rendre au sol la fraîcheur que lui ont enlevée les rayons d'un soleil trop ardent et sans laquelle les plantes dépérissent et ne rendent pas.

Oran, la Sénia, Aïn-Themouchent, etc., sont situés dans le Tell ; El-Aricha, Raz-el-Mâ, Daya occupent une partie des Hauts-Plateaux, véritables steppes souvent incultes et où l'eau manque, la plupart du temps. C'est dans ces pays-là qu'on cultive l'alfa.

Lorsque j'aurai dit que les Hauts-Plateaux occupent une surface égale à dix-sept ou dix-huit de nos départements, soit une moyenne de dix millions d'hectares, on verra que les petits zouaves du 2ᵉ régiment avaient une jolie marge pour courir.

Le Tell et les Hauts-Plateaux sont, par ci, par là, couverts d'immenses forêts, parmi lesquelles celles de Tiaret, de Frenda, de Sainte-Barbe-du-Tlélat, de Daya, etc., sont des plus importantes.

Les essences de bois qui dominent dans ces forêts sont le chêne-liège, le pin d'Alep, le thuya, l'orme et le frêne.

Quant à l'olivier, on le rencontre fréquemment, et le caroubier avec l'eucalyptus ne manquent pas non plus.

J'ai vu sur tout mon parcours dans la province d'Oran une partie des arbres fruitiers qu'on cultive en France; il y a, de plus, l'arbousier, très élancé et très élégant, le bananier, le caroubier, déjà cité, le cédratier, qui n'est qu'une variété du citronnier.

Les animaux sont nombreux et variés; le lion cependant devient rare, il fuit devant la civilisation, et les chasseurs qui veulent se mesurer avec lui sont obligés de s'enfoncer dans le Sahara.

Les animaux féroces que nous avons le plus fréquemment rencontrés sont l'hyène, cette bête immonde dont j'ai parlé plus haut, et le chacal, son digne pendant; il y a aussi des chats-tigres et des lynx, mais on les rencontre moins souvent.

La température est celle de la Provence, mais on peut dire qu'il existe deux saisons, l'une chaude et l'autre tempérée. Dans l'intérieur, du côté des Hauts-Plateaux, l'air devient plus échauffé dans certains endroits, et deux fois nous avons éprouvé en marche les effets gênants et bien souvent désastreux du siroco, cette espèce de vent sec et chaud qui, s'abattant des régions supérieures avec une violence inouïe, rase le sol et bouleverse tout sur son passage. Le meilleur moyen de se préserver de son atteinte est de se coucher à terre.

Mais..... toutes ces digressions me font oublier que nous sommes toujours à Ben-Youb et qu'il nous faut partir pour Oran.

Nous voici à Sidi-Bel-Abbès, très jolie sous-préfecture de 13,000 habitants, régulièrement construite, avec des rues bien aérées et des promenades remplies de verdure. Cette ville, que baigne la Mékerra, date de 1849, et le chemin de fer d'Oran à Raz-el-Mâ qui la dessert, lui procure, avec un appoint de gaieté, les éléments d'une richesse incontestable.

Nous laissons sur notre gauche Mascara, autre sous-préfecture très importante et ancienne capitale d'Abd-el-Kader. Cette ville de 5,400 habitants commande la plaine fertile d'Eghris, dont le petit vin blanc mousseux possède un certain cachet de renommée.

Enfin, après plusieurs jours de marche et de fatigue, nous revoyons avec plaisir pointer à l'horizon le haut minaret de la Kasba !

Nous sommes rentrés à Oran.

Mais notre repos n'est pas de longue durée. Dès notre retour ici, les anciens nous ont dit que nous tiendrions garnison au moins un an ; ce serait donc pour nous un an de répit ; on va voir dans le chapitre suivant que nous avons compté sans le Tonkin et que cette excursion dans les Hauts-Plateaux n'est décidément destinée à figurer sur mon carnet que comme une agréable petite promenade militaire.

TONKIN

CHAPITRE VI

LES ADIEUX DU COLONEL SWINEY. — ALGER
DÉPART POUR LE TONKIN.

Le 7 janvier 1885, nous recevions l'ordre de nous tenir prêts à partir le 16. Effectivement, les officiers et le bataillon qui doivent compter dans le corps expéditionnaire, sont convoqués ce jour-là à la caserne Neuve; tout le monde est réuni dans la cour, et notre excellent colonel, M. Swiney, nous fait part officiellement de la décision qui nous envoie dans l'Extrême-Orient.

Il nous adresse une petite allocution toute vibrante de patriotisme et dont je transcris ici les termes, car je m'en souviendrai toujours; il parle bien, M. Swiney et, s'il est sec dans le métier, en revanche il est bon pour le soldat, et nous l'avons surnommé le Père des zouaves !

Réunissant donc autour de lui les officiers du bataillon, il embrasse le commandant Mignot, en lui disant :

« C'est le bataillon tout entier que j'embrasse en la personne de son chef. Je suis certain que tous, officiers, sous-officiers et soldats, feront leur devoir et sauront tenir haut et ferme le drapeau de la France et la réputation du **régiment**. Adieu, mes braves, adieu mes enfants ! Je n'ai qu'un mot à vous dire : « *Souvenez-vous !* »

Nous avons tous les larmes dans les yeux, et le commandant Mignot, la voix remplie d'émotion, lui répond en ces termes :

« Mon Colonel, en mon nom et au nom du bataillon que j'ai l'honneur de commander, je vous remercie. Les bonnes paroles que vous venez de prononcer nous touchent au-delà de toute expression. Vous nous avez dit de nous souvenir. Eh bien, mon Colonel, nous nous souviendrons ! Nous nous souviendrons que le drapeau du 2ᵉ Zouaves a été décoré à Magenta ; nous nous souviendrons que le régiment n'a jamais reculé et qu'à Frœschwiller il n'a consenti à battre en retraite que sur l'ordre formel du commandant en chef et après avoir laissé 1,100 hommes sur le champ de bataille. »

Vive la France, vive le Colonel, vive le Commandant, en avant pour le Tonkin ! Telles sont les paroles qui s'exhalent de toutes nos poitrines.

Dès mon retour à Oran, j'avais pensé faire mes cinq ans de service en Algérie ; voilà pourquoi j'aspirais à un repos d'un an en garnison, après notre pénible excursion dans les Hauts Plateaux ; mais, lorsque fut soulevée chez nous la question du départ pour le Tonkin, cette idée de voyages et d'aventures, qui m'avait obsédé dès mon arrivée en Algérie, me hanta plus que jamais et devint tenace chez moi ; je ne cache pas, du reste, que je me trouvais heureux de faire partie de l'expédition. J'écrivis donc à mon père la nouvelle qui devait le rendre triste. Qu'allait-il devenir à cette pensée de voir son fils s'expatrier à 3,000 lieues du clocher ? Ma sœur reçut également avis de mon départ pour le Tonkin, et leur souvenir seul me donna quelques heures de tristesse, car j'allais vivre si loin d'eux ! Pour moi, personnellement, je ne redoutais rien, n'ayant que ma vie à sauvegarder. Aussi étais-je, en réalité, heureux d'entreprendre un si lointain voyage, et fier un peu de penser que j'allais coopérer, dans l'humble mesure de mes forces, à la gloire de mon pays.

J'en aurais à raconter, lorsque je serais de retour au village, si toutefois la balle d'un Céleste ou d'un Pavillon-Noir ne me couchait préalablement dans quelque rizière inconnue !...

Mais je dois dire que j'avais fermement l'idée que je ne partais pas sans espoir de retour et que jamais, dans la suite, je ne fus tourmenté par de sombres prévisions ou par la moindre attaque de cette terrible maladie morale qu'on appelle la nostalgie.

Et puis, est-ce que mon séjour en Algérie ne m'avait pas cuirassé contre toutes les éventualités possibles ? et cette vie nomade que j'avais vécue pendant les six derniers mois de l'année n'était pas faite, bien sûr, pour me faire regretter les commodités d'un bon lit, que j'avais peu ou point connues comme zouave, pas plus que la vie régulière et les repas réglés de la caserne, auxquels je n'avais guère goûté pendant mon séjour sur la terre africaine.

Le 14 janvier donc, on nous fait prendre le train pour Alger ; nous filons à toute vapeur dans cette magnifique plaine du Sig, au milieu d'une végétation luxuriante. Le soleil est radieux, tandis qu'à cette époque de l'année il est souvent triste et brumeux en France : c'est d'un bon augure ; nous voici à Rélizane avec un quart d'heure d'arrêt ; nous cassons la croûte dans le train et faisons honneur à nos bidons qui ont été bien remplis avant le départ.

Nous atteignons Orléansville, première sous-préfecture

du département d'Alger, sur le Chéliff, le plus beau fleuve
de notre colonie : nous nous penchons aux portières pour
admirer de magnifiques bois de pins et de caroubiers, puis,
après un arrêt d'une demi-heure, le temps de rafraîchir un
peu nos provisions, le sifflet retentit et le train se remet en
marche pour Milianah, que nous laissons sur notre gauche,
juchée sur un rocher, à 740 mètres d'altitude, puis Blidah
qui s'élève à droite, avec le fort Mimich dont l'élévation est
de 400 mètres au-dessus du niveau de la mer. Là nous
faisons encore une petite station, puis, le lendemain vers six
heures du matin, alors que le soleil commence à se montrer
derrière les massifs environnants, nous entrons dans la
capitale de l'Algérie, qui ne compte pas moins de
66,000 habitants.

Nous avons deux jours pour nous retourner.

On nous installe provisoirement dans la première
caserne venue — nous sommes 1,000, en tout, officiers et
soldats, — puis Moreau, Brûlé et moi, trois amis insépa-
rables, nous parcourons dans tous les sens cette perle de
nos possessions algériennes. Moreau croit rêver et se figure
retrouver là son cher Paris avec ses boulevards, ses quais
et ses rues interminables.

Nous avons donc le temps de visiter en courant la Kasba,
jetée à pic, comme un rocher imprenable, sur un contre-
fort du mont Bouzaréa, le port, magnifique avec ses quais
qui ne mesurent pas moins de deux kilomètres carrés, la
place du Gouvernement qu'occupe la statue équestre du
duc d'Orléans et où l'œil peut se reposer sur l'un des plus
beaux panoramas que j'aie jamais vus ; la place d'Isly, avec
la statue de Bugeaud ; à la vue des traits si mâles et si
pleins d'énergie du vieux maréchal de France, ciselés avec

tant de délicatesse dans le bronze de Dumont, Parisot, qui nous a rejoints, toujours gai et insouciant, ne peut s'empêcher de nous gratifier du refrain consacré à sa légendaire casquette !

Mais le temps va nous manquer, aussi nos jambes ne sont-elles pas assez longues pour courir à travers toutes les beautés de la ville ; nous devons nous résigner à partir, n'ayant jeté qu'un coup d'œil sur la cathédrale, la synagogue — les Juifs occupent en effet tout un quartier de la ville — la mosquée Djama-Kébir, la Préfecture ou plutôt l'hôtel du Gouvernement général, l'Hôtel de Ville, etc.

La ville nouvelle, que nous avons construite en son entier, s'élève au bord de la mer et s'agrandit tous les jours ; ses rues sont spacieuses et les becs de gaz s'y succèdent.

Nous voici de retour à notre quartier de passage ; le moment est venu de faire le sac et d'astiquer le fourniment; nous sommes au 17, il est une heure de l'après-midi, et la chaleur est torride. Un coup de clairon rassemble le bataillon dans la cour, les officiers font l'appel, tout le monde est présent, et le signal du départ va être donné.

Jamais cette journée du 17 janvier 1885 ne sortira de ma mémoire.

A une heure et demie donc, nous sortons de la caserne, précédés par la musique du 1er Zouaves qui est venue nous chercher ; nous sommes suivis d'une foule compacte.

Si la vie du soldat est parfois dure et pénible, elle a bien aussi ses heures de consolation, et cette sympathie de toute une population pour nous autres qui partons, ces cris, ces hourras d'acclamation, ces fleurs qu'on nous jette des fenêtres et qui sont, sans doute, une délicate attention, d'une mère ou d'une jeune fille qui voient en nous les compagnons d'un fils ou d'un fiancé déjà parti et qu'elles attendent, tout cela, certes, est bien fait pour nous attendrir et mettre un peu de baume dans le cœur de ceux qui laissent derrière eux un père ou une mère, un frère ou une sœur.

Nous traversons donc la place du Gouvernement au milieu d'un enthousiasme indescriptible et, quand nous sommes au quai d'embarquement, je crois que la foule a encore grossi.

Nous voyons là des officiers de toutes nuances et de tous grades, venus pour prendre congé d'officiers parents ou amis ; mais mon attention est principalement attirée par la présence de quelques tirailleurs algériens de retour du Tonkin, qui, eux, ont déjà vu Phu-sa, Palan, Sontay et Bac-Ninh, et ces braves « turcos » tous jeunes, mais déjà couverts de gloire, nous donnent des poignées de main et nous prodiguent leurs encouragements et leurs souhaits ; on ne se connaît pas, mais les accolades n'en sont pas moins fraternelles et c'est, par moments, une orgie de képis, de turbans et de mouchoirs jetés en l'air, une cacophonie de cris et de chants à ne plus s'entendre ! Nous versons des larmes d'émotion et, pour mon compte, je brûle déjà d'être en vue de la baie d'Allong !

On se porte, et la foule ne commence à se dissiper que lorsque le dernier troupier est arrivé à bord de *la Provence*; — c'est le nom du transport qui va nous emmener.

La réception qu'on nous a faite à Alger a été superbe, et nous nous en souviendrons : on est allé jusqu'à organiser des quêtes pour nous procurer quelques distractions pendant la traversée, et les commerçants sont venus nous

Embarquement des zouaves à Alger. — (Gravure extraite du *Journal illustré*).

offrir, qui du tabac et des cigares, qui des jeux de cartes ou de dominos.

Nous voici donc installés : nos fusils ont été mis dans des caisses. On embarque des chevaux ; et les pauvres bêtes sont affolées au milieu de ce vacarme de cris et de voix qui s'entremêlent.

Avec nous s'embarquent deux escadrons des 2⁰ et 3⁰ Spahis, Voici quels sont les noms des officiers du bataillon.

Nous sommes sous les ordres du commandant Mignot.

Les officiers et principaux sous-officiers sont répartis ainsi qu'il suit :

MM.	CAYRON,	Capitaine-Adjudant-major.
	COUDERC,	Médecin-major.
	LAINÉ,	Officier d'habillement.
	BARRUZZI,	Sergent-major-vaguemestre.

1ʳᵉ Compagnie.	BERNIER,	Capitaine.
	FAURE,	Lieutenant.
	SCHMUTZ,	Sous-Lieutenant.
	CREVIER,	Adjudant.

2⁰ Compagnie.	WAMBERGE,	Capitaine.
	GROSSE,	Lieutenant.
	CUPET,	Sous-Lieutenant.
	NIQUET,	Adjudant.

3ᵉ Compagnie.	VESSIÈRES,	Capitaine.
	JANNIN,	Lieutenant.
	ROUX,	Sous-Lieutenant.
	BRAULT,	Adjudant.

4ᵉ Compagnie.	DE PERCY,	Capitaine.
	LANCHON,	Lieutenant.
	GROSSETTY,	Sous-Lieutenant.
	MOINEAU,	Adjudant.

Je fais partie de la 1re Compagnie.

Le sifflet donne un premier signal, le cabestan crie et grince pendant que la corde de l'ancre vient lentement s'y enrouler.

Les matelots sont affairés, chacun est à son poste ; les officiers du bord vont et viennent et donnent des ordres ; nous regardons faire tout ce monde curieusement ; un coup de canon nous prévient que tout est prêt et qu'on va prendre la mer.

La machine lance quelques jets puissants de vapeur ; c'est sa manière de respirer, à ce monstre qui va nous traîner si loin sans se lasser ; des matelots hissent le pavillon et mettent le drapeau en berne ; alors chacun se retourne une dernière fois du côté du quai d'embarquement ; les turbans s'agitent et, pendant que le 1er Zouaves fait entendre les derniers accents de l'hymne national, le transport se fraie un passage au milieu des mille autres vaisseaux qui sont mouillés là et dont les équipages nous saluent. puis, bientôt nous voguons en pleine mer, filant gaiement nos treize nœuds.

CHAPITRE VII

Le lendemain matin, de bonne heure, on sonne la diane :
le réveil n'est pas long ; cette première nuit de voyage en
mer, ce perpétuel roulis du vaisseau ne nous ont guère
laissés dormir; chacun donc se relève prestement et, bientôt,
sous les rayons d'or d'un beau soleil levant, qui semble,
au sortir de l'eau, un vaste feu grégeois, nous nous rendons
à la pompe sous le gaillard d'avant faire nos ablutions.

Les marins de corvée procèdent à la toilette du navire :
l'eau ruisselle sur le pont, et le soleil, qui devient plus
ardent, reflète sur le parquet ses mille feux étincelants :
on dirait des paillettes d'or qui sautillent dans tous les
sens.

On déjeune — les repas sont nombreux à bord — on
fume quelques bonnes pipes en vidant plusieurs verres d'un
bon petit bleu qu'on s'est procuré à la cantine, et en devi-
sant sur la Chine et les Chinois; les uns entament une
partie de manille ou d'écarté ; celui-ci fait de la musique,
cet autre lit — il y a une bibliothèque à notre disposition —
plusieurs sont moins expansifs, s'allongent sur des paquets
de cordages et ronflent béatement, d'autres enfin, — ce ne
sont pas les plus heureux. — satisfont pendant de longues

heures aux exigences du mal de mer ; les officiers, parfois,
font les cent pas avec nous et causent familièrement avec
les troupiers, puis, quand vient le soir, alors qu'on a fait
le dernier repas, tout le monde s'engouffre, les uns dans
leurs cabines, les autres dans l'entrepont par les échelles
et, pendant que la vigie veille dans les hunes, juchée entre
le ciel et l'eau pour signaler la moindre circonstance au
large, pendant que l'officier de quart fait sa ronde dans
toutes les parties du paquebot qui est devenu une véritable
fourmilière, chaque homme regagne sa place, s'enroule
dans sa couverte et s'endort: on n'entend plus que le grondement de l'hélice qui fait écumer les flots, et le bateau
s'avance dans la nuit qui ne l'arrête pas.

Telle sera notre existence à bord pendant les quarante
jours de traversée pour arriver en vue d'Haï-Phong.

Du 19 au 22 la mer est très houleuse. Appuyés sur le
bastingage, nous regardons les vagues qui viennent heurter
furieusement la coque de notre navire ; le 23, elle déferle
toujours et, sur le pont, c'est un spectacle merveilleux ;
les vagues qui succèdent aux vagues, immenses et majes-
tueuses, nous semblent de véritables montagnes ; puis,
soudain, ce sont des vallées que cette eau d'une couleur
glauque nous fait trouver verdoyantes. A midi, ce jour là,
nous sommes par 27° 32' latitude nord, 19° 08' longitude
chronométrique est, nous avons parcouru 280 milles.

Le 25 janvier, c'est-à-dire huit jours après notre départ
d'Alger, nous atteignons Port-Saïd dans l'après-midi. Depuis
ce matin nous apercevons la terre des Pharaons : la mer
est boueuse et toujours tourmentée ; nous sommes par le
travers de l'embouchure du Nil.

Quoique égyptienne, géographiquement parlant, c'est une

ville toute française que Port-Saïd : on y parle notre langue, les administrations, les commerçants en font usage. C'est notre première escale. Les officiers descendent seuls à terre et, à l'Eldorado où ils sont allés passer la soirée, une agréable surprise les attend, car une charmante actrice égrène en leur honneur les notes de la *Fille du Régiment*, et chante le *Salut à la France*. Il paraît que les bravos ne lui ont pas manqué.

Quatre messieurs sont là qui applaudissent à outrance l'air patriotique français ; on s'informe pendant un intermède, et on apprend que ce sont des officiers russes. Au nom de tous, le commandant Mignot les remercie de leurs marques de sympathie et les invite à choquer le verre à la prospérité des deux nations, ce qu'ils acceptent de grand cœur. Puis, enfin, l'hymne de Skobelef et la Marseillaise, joués par tout l'orchestre et écoutés debout, terminent cette émouvante soirée que n'oublieront point nos officiers.

Pendant tout ce temps, des officiers italiens également de passage avec un contingent de 1,500 hommes destinés à Massouah, sont restés là indifférents, pour ne pas dire maussades, devant cette petite manifestation de bonne camaraderie.

A onze heures du soir seulement, nos chefs remontent à bord et trouvent le navire encombré d'une centaine de journaliers arabes venus pour charger du charbon.

Nous qui ne dormons point, nous prenons plaisir à voir ces figures d'un jaune cire grimacer dans leurs longues barques à la lueur blafarde de pots à feu, ce qui leur donne une physionomie de démons échappés de l'enfer.

Le 27 janvier, nous sommes réveillés par le bruit assourdissant du treuil qui tire les amarres à bord ; nous nous levons pour assister aux derniers préparatifs du départ et contempler l'entrée du canal qui nous rappelle le Grand Français. Des matelots anglais et turcs nous envoient des hourras, et leur fanfare joue la Marseillaise.

Nous échangeons des saluts avec *le Cachar*, qui vient de Marseille et Philippeville, ayant à son bord des soldats de la légion étrangère et des tirailleurs algériens.

A neuf heures, nous voici dans le canal, puis, vers le soir, nous nous garons pour permettre au transport anglais le *Carlesle*, de passer, car il vient du côté opposé et, comme il est entré avant nous dans la gare, c'est nous qui devons céder le pas.

On nous dit qu'un navire anglais s'est échoué en amont ; comme la largeur du canal ne nous permettrait pas de passer à côté, nous sommes obligés de rester, cette nuit, dans la gare du kilomètre 54.

Le 28, vers six heures du matin, *la Provence* se remet en marche pour entrer dans le lac de Tamsi, sur les bords duquel on a construit la ville d'Ismaïlia : une oasis de petites maisons blanches coquettement assises sur un fond de verdure et entourées d'une véritable mer de sable : telle est la ville. On nous fait remarquer, entre autres belles constructions, la jolie villa de M. de Lesseps. Les autres parties du canal nous rappellent, à quelque chose près, les bords de nos chotts algériens ; nous y voyons s'envoler des bandes d'oiseaux, tels que flamants, ibis et cormorans.

A midi, ce jour-là, nous entrons dans les lacs amers : notre navire est obligé de stopper pour renflouer *le Renard*, aviso de l'État, qui s'est échoué tout près de nous. Cet infortuné navire joue de malheur, car, à quelque temps de là, il ira se perdre dans un typhon en face d'Obock.

Vers quatre heures et demie, nous sortons du canal et sommes en vue de Suez, lorsque, soudain retentit le **cri** sinistre : un homme à la mer. C'est un malheureux mousse qui, en voulant ajuster une amarre, est passé par-dessus le bastingage. On jette une bouée de sauvetage et l'on met une yole à l'eau. Un Arabe qui se promène sur les bords du canal a vu l'accident ; il plonge et, grâce à lui, le petit mousse regagne la terre ferme, et un remorqueur le ramène bientôt à bord avec le canot.

Après avoir dépassé Suez, où nous ne nous sommes point arrêtés, nous laissons sur notre gauche la fontaine de Moïse. Le 29, au matin, nous apercevons la pointe du mont Sinaï et, vers neuf heures, nous entrons dans la mer Rouge dont les eaux sont très calmes. La température a subitement changé ; dans les cabines, on a constaté 19°.

Le 30, nous passons sous le tropique du Cancer, avec une vitesse moyenne de douze nœuds : dans deux jours nous serons à Aden.

A midi, nous sommes par 18°32′ latitude nord, et 37°18′ longitude est. Le temps se maintient au beau et, vers trois heures, il tombe une forte averse qui rafraîchit l'atmosphère et nous permet d'aller prendre sur le pont une bonne provision d'air pur.

1ᵉʳ février. — Nous voici à Aden avec un arrêt de deux heures pour faire charbon.

Notre arrivée dans la rade donne lieu à un spectacle des plus curieux : nous voyons des Indiens au teint cuivré, à la chevelure forte et crépue qui, montés dans des troncs d'arbres creusés en forme de canots, entourent notre

navire, exécutant autour de nous les évolutions nautiques
et les pirouettes les plus hardies ; de longues perches,
plates à leur extrémité, fixées de chaque côté de ces minus-
cules nacelles, en maintiennent l'équilibre ; ils sautent à
l'eau et remontent avec une adresse de singes, plongeant
à merveille pour une pièce de monnaie qu'on leur jette et
qu'ils rattrapent avant qu'elle n'ait atteint le fond ; mais ces
gens sont de véritables écumeurs de mer, toujours à la
piste d'épaves ou de vaisseaux en détresse. L'eau semble
être leur élément et nous avons vu un jeune garçon y
séjourner deux heures sans remonter dans sa pirogue.

Nous mentionnerons une catastrophe survenue cette
nuit, avant notre entrée en rade. Le navire *la France*, à
bord duquel se trouve le bataillon du 1er Zouaves, a manqué de se perdre ; il avait à sa droite, mais un peu en
arrière, le bateau hollandais le *Néderland*, et à sa gauche,
mouillé également en arrière, un navire allemand l'*Armalfi*,
de Hambourg.

Vers trois heures du matin, ce dernier s'ébranle, les
feux réglementaires n'étant point allumés, pour sortir de
la rade et gagner la haute mer ; en virant de bord, il fait
une fausse manœuvre et va prendre en plein travers, à
hauteur de la passerelle, le navire hollandais qui coule par
un fond de 9 mètres, dans l'espace d'un quart d'heure.

Après ce bel exploit, nos Allemands, qui sont complètement ivres, font machine en arrière, sans même essayer
de porter secours aux malheureuses victimes de leur bru-
tale imprévoyance. Ce sont les canots de *la France* qui
recueillent les naufragés au nombre de quarante hommes.
Mais les dignes compatriotes de M. de Bismark n'ont pas
le temps de filer bien loin ; on met l'embargo sur leur navire,

et ces gens à conscience large sont mis en demeure de justifier leur conduite inqualifiable et leur manière par trop teutonne de pratiquer la charité.

Nous frémissons, à la pensée que *la France*, placée seulement à quelques brasses de l'*Armalfi*, eût pu tout aussi bien être victime de cette catastrophe, qui eût alors coûté la vie à 1,400 hommes.

Après avoir fait charbon, nous levons l'ancre et passons tout près d'un navire russe qui, à notre approche, envoie tout son équipage dans la mâture et nous salue au cri de « Vive la France », trois fois répété par tous les hommes et au son de la Marseillaise. Les 1.500 hommes qui sont à notre bord ripostent par le cri de : « Vive la Russie ». Après le salut des pavillons, nous prenons de nouveau la mer. Nous sommes, au 7 février, par 8° 24′ latitude nord et 68°14′ longitude est.

Le 8, le temps est couvert, et la mer un peu houleuse Le commandant Mignot nous réserve une surprise, car, pour nous distraire pendant les quelques jours qu'il nous faut encore pour arriver à Singapour, il fait dresser sur le gaillard d'arrière un petit théâtre, et les artistes, chanteurs et comédiens, pris parmi les hommes du bataillon, s'en vont, à tour de rôle, épuiser leur répertoire, aux grands applaudissements des spectateurs.

Ce jour-là, 8 février, vers sept heures du soir, nous passons à hauteur des îles Laquedives : sur l'une d'elles les Anglais ont installé un feu tournant qui projette ses rayons jusqu'à 21 milles en mer. Nous attaquons l'Océan Indien et ne retrouvons la terre qu'à Ceylan, que nous côtoyons de Colombo jusqu'au-delà du détroit de **Palk**. On nous fait remarquer, dominant un horizon assez loin-

Paysage aux environs d'Aden.

tain, le sommet hardi du pic d'Adam, qu'on dit avoir une hauteur de 2,300 mètres.

Nous longeons maintenant les côtes de Sumatra; rien d'intéressant jusqu'à Singapour, jolie ville construite toute à l'européenne et appartenant à MM. les Anglais, qui ont toujours eu le talent de s'établir dans les meilleures positions. C'est notre dernière escale avant d'arriver au Tonkin, et nous y mouillons, le 15 février. Cette ville est, pour ainsi dire, le trait d'union entre les mers des Indes, de la Malaisie et de la Chine; aussi, l'Européen, le Chinois et le Malais y affluent-ils : nous y débarquons un dimanche, et cette date du 15 février est le jour de l'an des Chinois. Aussi, tous les Célestes sont en fête et, par toute la ville, règne une odeur d'opium, de musc et d'autres senteurs qui font les délices de nos braves Orientaux, mais peu ou point les nôtres. Nous rencontrons là une multitude de petits îlots au milieu d'une jolie baie : le palmier, le cocotier et l'aréquier viennent charmer l'Européen qui s'aventure dans ces parages. Une fois en rade de Singapour, on peut voir à droite un fort imposant construit sur un mamelon d'où la vue s'étend très loin en mer et d'où l'on peut surveiller les allées et venues des vaisseaux. Chaque fois qu'un navire entre dans le port ou en sort, il est accompagné d'un pilote chargé d'assurer son entrée ou sa sortie sans encombre au milieu des autres vaisseaux.

Le croiseur *le Primauguet* est en rade à côté de nous.

Tout autour de la ville, nous avons pu jouir d'un magnifique paysage parsemé, çà et là, de châteaux et de villas, de parterres et de jardinets, pour la plupart propriétés de quelques richissimes Anglais, qui préfèrent, sans doute, le beau soleil des Indes au climat brumeux de leur pays.

A Singapour nous faisons escale pendant trois jours, car il nous faut attendre *la France* et *le Cachar* qui sont aussi chargés de troupes à destination du Tonkin. Une fois entrés dans les mers de Chine, les trois transports ne doivent plus se quitter et, en prévision d'une attaque des Chinois sur mer, nous allons marcher sous la protection de deux croiseurs, dont *le Primauguet*, qui attendent notre arrivée, depuis quèlque temps déjà.

Ces deux bateaux nous communiquent la bonne nouvelle de la prise de Lang-Son, qui a eu lieu, il y a quatre jours, par Brière de l'Isle et Négrier. Nous sommes au 17, et vingt et un coups de canons, tirés par les croiseurs dans la baie de Singapour, célèbrent ce fait d'armes ; le consulat français, qu'on aperçoit de très loin sur le tertre qu'il couronne, salue également.

Singapour est très commerçant ; il y a plusieurs lignes de tramways à vapeur, et une multitude de « pousse-pousse », sortes de petites voitures à bras très commodes, sont là sur les quais à la disposition des voyageurs.

Tout le temps que nous stationnons, une quantité de petites barques marchandes ne cessent d'environner le transport et, à des prix très modérés, nous pouvons nous payer des fruits du pays, bananes, ananas, noix de coco, etc., ou des articles de bimbeloterie, tels que coquillages travaillés, petites boîtes incrustées de nacre, tapis chinois ; nous avons jusqu'à des marchands de singes ou de perroquets et des changeurs d'argent : c'est à vous faire rêver !

Le 18 février, nous reprenons la mer : il y a juste un mois et trois jours que nous sommes sur l'eau, et nous ne nous arrêterons désormais qu'à Haï-Phong. La vie du bord, interrompue un instant par nos promenades dans Singapour, commence à nous peser et à devenir monotone, mais nous prenons courage, car, dans dix jours, nous aurons atteint notre but.

Nous marchons en escadre avec *le Primauguet, la France* et *le Béarn*. La mer est un peu houleuse, et il y a du tangage.

Le 20, nous bordons quelques îlots qui nous paraissent incultes, pour tomber bientôt à Poulo-Condore où nous avons établi un bagne destiné à ceux de MM. les Pavillons-Noirs, Chinois ou Annamites, qui ne sont pas sages; un fort, sur le sommet duquel flotte le drapeau français, nous salue en passant; puis enfin, le 24, nous voici dans la baie d'Allong, vers quatre heures du matin : le navire stoppe pour attendre le jour.

A dix heures, nous jetons l'ancre. A midi, deux canonnières accostent *la France*, et on procède au débarquement du 1er Zouaves. Ce jour-là, nous apprenons que l'amiral Courbet vient de faire couler deux bâtiments chinois dans la rade de Scheepoo.

Nous ne pouvons nous lasser de contempler cette forêt de rochers qu'on dirait plantés là par la main de quelque géant, tant nous les trouvons bien alignés : on dirait des allées au milieu desquelles nos transports vont et viennent tranquillement.

Nous sommes à l'une des embouchures du Song-Cau, et les eaux du fleuve, toujours troublées, ont une teinte, qu'avec un peu de bonne volonté on trouve plus ou moins accentuée de rouille, ce qui aurait fait donner à la rivière son nom de Fleuve-Rouge. En face de nous est la Cac-Ba, île aux rochers escarpés qui ressemblent à des murailles d'une blancheur éblouissante. Plus loin, à droite, sont les îles de Norway et, devant nous encore, et tout à fait dans le lointain, nous voyons se détacher un massif de verdure : ce sont les premières rizières que nous voyons au Tonkin. « — Et nous en mangerons du riz, ajoute un officier ! » Le pays a l'air riche à première vue, et, parmi les montagnes qui dominent le fond de ce tableau, le même officier nous fait remarquer le Nai-voi (montagne de l'Éléphant).

Le 1er mars donc, après quarante jours de traversée, nous débarquons à Haï-Phong.

Le 24, la 4e Compagnie était partie devant nous sur un petit aviso de l'État, *le Jaguar*, pendant que nous attendions trois jours, dans les rochers de la baie d'Allong, qu'une marée favorable vînt nous permettre d'aller mouiller dans les eaux d'Haï-Phong.

Des sampans, espèces de gros bateaux chinois couverts d'une toiture en bambous, s'approchent à notre arrivée dans ce port, et l'on procède au débarquement.

Dès que nous avons mis pied à terre, nous sommes cantonnés dans des « cagnas », ainsi se nomment les maisons de ce pays-ci, et nous n'y trouvons même pas un peu de paille pour nous coucher. C'est le commencement de nos misères. Tout d'abord, il faut nous faire aux habitudes et aux mœurs des habitants. Les hommes, les femmes et les enfants sont vêtus d'une manière à peu près identique.

Aussi, nous rions beaucoup de ne pouvoir, à première vue, distinguer un homme d'avec une femme, parmi toutes ces vilaines figures de moricauds huileux qui grouillent autour de nous.

Nous restons quatre jours à Haï-Phong ; le port est très animé. Le lendemain de notre débarquement nous visitons la ville. De loin, on dirait qu'elle a une certaine importance, mais, quand on arrive, l'illusion qu'on s'en est faite disparaît immédiatement.

Il n'y a de convenable, comme habitations, que celles que nous y avons édifiées, telles que la Résidence française, l'hôpital, vaste bâtiment rectangulaire qui peut contenir deux cents lits et construit tout en briques, le commissariat de la marine, puis certaines demeures d'Européens ou de Chinois entourées de jardinets.

Nous voyons également deux établissements publics qui, loin d'être les hôtels confortables que fait espérer leur enseigne, se réduisent tout simplement à de vulgaires restaurants tonkinois.

« Le village annamite est composé d'une centaine de « cabanes basses, d'un aspect misérable, recouvertes de « paillottes, et dont les murs, construits avec un clayon- « nage en bambous enduit des deux côtés de terre gâchée, « menacent ruine. Les rues, dont on ne balaye jamais « les immondices, sont étroites, couvertes de flaques d'eau « puantes. Une foule de ces affreux petits porcs tonkinois, « gros comme des bouledogues, au ventre pendant, au « dos ensellé, les parcourent en liberté, en compagnie de « chiens hargneux qui ont une vague ressemblance avec « nos chiens de bergers. Les habitants sont de pauvres « coolies employés aux plus rudes travaux du port. Ils « sont à peine vêtus avec des loques rapiécées, d'une pro- « preté plus que douteuse, et ils se montrent, pour la « plupart, couverts de vermine (1). »

(1) Le Dr Hocquart, *Trente mois au Tonkin*.

Nous parcourons avec curiosité ce véritable capharnaüm, où nous voyons de tout : des femmes d'un extérieur sordide vont et viennent autour de leurs chaumières, des enfants tout nus, la tête rasée, circulent auprès d'elles ; mais femmes et enfants, cochons, chiens et poulets, tous ces êtres se sauvent à notre approche et entrent pêle-mêle dans les habitations. La vie en commun est donc pratiquée dans ce pays sur la plus large échelle, et le même toit abrite ainsi les hommes et les bêtes; c'est d'une simplicité par trop patriarcale.

Nous avons occasion de voir ici, pour la première fois, des tirailleurs tonkinois.

Ce sont des indigènes que nous avons organisés pour la défense de leur pays dans le genre des tirailleurs algériens et des tirailleurs saïgonnais de la Cochinchine.

Ils ont un air original et coquet, avec leur petite blouse noire serrée à la taille par une ceinture rouge et leur large pantalon qui ressemble à un jupon. Leur tête est recouverte d'une sorte de béret plat. Leurs cheveux sont ramenés par derrière en forme de chignon retenu avec un peigne de corne, et leur figure imberbe les a bien souvent fait prendre, aux nouveaux arrivés, pour des amazones tonkinoises.

Le 1ᵉʳ mars, jour de notre débarquement, nous touchons chacun 120 cartouches; le 3, nous faisons une marche militaire, de midi à deux heures, sur les digues des rizières et, ce jour-là même, à quatre heures et demie, nous nous embarquons sur *la Fanfare* qui remorque deux jonques contenant chacune 160 hommes.

CHAPITRE VIII

LES ORIGINES DE LA GUERRE DU TONKIN

M. DUPUIS ET FRANCIS GARNIER. — L'EXPÉDITION RIVIÈRE

Qu'est-ce donc que le Tonkin, et pourquoi sommes-nous ici? Je dois au lecteur un résumé de cette question : je le donne donc avant d'entrer dans le vif de mon récit. Dans ce pays, où le souvenir des Dupuis, des Francis Garnier, des Rivière est encore tout vivace, j'ai pu me renseigner aux sources les plus pures et entendre parler des témoins bien informés : c'est de l'histoire contemporaine et, cependant, quand on la médite, on se croirait volontiers transporté au temps des héros antiques ou des chevaliers, ces grands redresseurs de torts au moyen âge.

Beaucoup, sans doute, ignorent en France qu'elle a plus de cent ans d'existence, cette fameuse question du Tonkin. Eh! oui, ce fut en 1787 qu'on mit aux champs ce lièvre.

Le grand père, encore enfant, du fameux empereur Tu-Duc, arrivait, cette année-là, à Versailles, avec l'évêque d'Adran, Pigneau de Béhaine, qui l'avait soustrait au massacre de toute sa famille.

Le prince exilé, qui s'appelait Nguyen-Anh, venait demander au roi de France des secours d'hommes et d'argent pour rentrer dans ses États d'Annam.

La Révolution française, qui minait déjà sourdement le trône des Bourbons, fit que nous eûmes, à cette époque, bien autre chose à penser qu'à aller user nos forces dans l'Extrême-Orient, pour rendre sa couronne à ce royal plaignant.

Sa démarche ne fut cependant pas complètement stérile : quelques officiers de fortune firent ce que n'avait point osé Louis XVI ; ils guerroyèrent avec les partisans de Nguyen-Anh, établirent des milices et lui rendirent son royaume qui se composait, outre l'Annam, de la Basse-Cochinchine et de la Cochinchine centrale : ceci se passait de 1789 à 1801.

Peu après, Nguyen-Anh, s'emparait d'un royaume voisin du sien, le Tonkin, en chassait le roi légitime, de la dynastie des Lê et prenait, avec le titre d'empereur d'Annam le nom de Gia-Long.

La France, dans la suite, finit par jeter les yeux du côté de la mer de Chine, et, en 1859, la prise de Saïgon et la possession de la Cochinchine couronnaient nos premiers efforts.

A cette époque, Tu-Duc, troisième successeur de Gia-Long, occupait le trône d'Annam, avec Hué pour capitale.

Ce premier pas fait en Cochinchine était déjà magnifique pour nous, quand bientôt nous nous aperçûmes que la Chine, somme toute, n'était pas absolument si éloignée que notre commerce ne pût, un jour ou l'autre, s'étendre jusque sur ses marchés, mais quelle route prendre?... Et puis, nous n'osions pas !

Ce formidable empire de 400,000,000 d'habitants est resté jusqu'ici en dehors du mouvement civilisateur qui caractérise la plupart des nations de l'Europe. Les Anglais, peuple

commerçant par excellence, qui s'accapareraient le monde
entier si la chose était possible, avaient tenté, eux aussi,
mais toujours sans résultat, d'y pénétrer par l'Hindoustan.

DUPUIS

Les choses en étaient là, lorsqu'un hardi pionnier
français, Jean Dupuis, né à Saint-Just-la-Pendue (Loire), le
8 décembre 1829, eut l'audace de faire, à lui tout seul, ce
que ni Français ni Anglais n'avaient pu faire auparavant.

D'une exploration faite précédemment sur le Mékong,
fleuve du Cambodge, par Francis Garnier, il résultait qu'une
route fluviale était possible du côté du Tonkin et donnerait
par le Yun-nam l'accès certain des marchés de la Chine.

En effet, après avoir remonté le Mékong jusqu'à Luang-
Prabang, dans le Laos, province siamoise à l'ouest du Tonkin, Garnier et ses compagnons avaient pu aller jusqu'à
Sémao, ville du Yun-nam, puis obliquant encore à l'est, ils
avaient rencontré le Fleuve-Rouge.

La découverte était d'une importance capitale et Francis
Garnier ne se le dissimulait pas : « Il y avait à étudier là,
« écrit-il dans son voyage d'exploration dans l'Indo-
« Chine, une question commerciale d'un grand avenir et
« d'un intérêt exclusivement français, puisque le Tonkin,
« par suite des traités qui nous lient à la cour de Hué, se
« trouve placé sous notre influence politique. »

En 1868, il confie sa découverte à M. Dupuis et, en quatre
lignes nous dit ce qu'était cet homme : « Ces indications ne
« pouvaient être données à quelqu'un de mieux disposé
« pour en profiter. Esprit hardi et aventureux, M. Dupuis

« avait, en même temps que l'audace, la prudence indis-
« pensable pour réussir. »

Jean Dupuis donc commence son voyage d'exploration,
en février 1871. Il s'embarque sur une jonque chinoise,
seul avec un domestique et descend le fleuve à travers le
Yun-nam, depuis Manghao jusqu'à Laokaï. Cette ville située
sur la frontière ouest du Tonkin, est au pouvoir des
Pavillons-Noirs ou Hékins, et des Pavillons-Jaunes, bandits
nomades dont j'expliquerai plus loin l'origine et la présence
dans ces lieux. Il obtient de continuer sa route en parle-
mentant avec leur chef Ou-tsong, à qui il promet d'obtenir
pour lui et ses compagnons, une amnistie des autorités
chinoises ; il ne peut descendre plus bas, les Annamites
s'y opposant, mais cette excursion lui suffit, la route est
reconnue bonne, et il retourne à Yun-nam, s'entendre avec
les mandarins.

Il faut dire en passant que, grâce à un long séjour dans
le Céleste Empire, il a pu en parcourir quinze ou seize
provinces, grandes chacune presque comme la France, et
que, dans ses pérégrinations multiples, il a su conquérir
la confiance de mandarins puissants et de personnages
marquants, parmi lesquels le maréchal Mâ, vice-roi du
Yun-nam.

Il passe avec ce dernier un marché en règle, aux termes
duquel il devra lui rapporter 10,000 fusils et des munitions
de guerre et ce, par la voie fluviale, nouvellement découverte.

Le maréchal Mâ lui délivre un passeport qui lui permettra de marcher sous pavillon chinois ; il prend, du
reste, le titre d'« *envoyé extraordinaire du maréchal Mâ.* »

Ses papiers ainsi en règle, le hardi commerçant,

en 1872, fait un voyage en France, et obtient du ministre
de la Marine, l'amiral Pothuau. « une lettre de recommandation pour le gouverneur de la Cochinchine et, avec
des réserves, un concours officieux (1) ».

Il reprend la route de Chine, voit en passant, notre
gouverneur à Saïgon, qui lui promet de s'intéresser à son
entreprise, et file à toute vapeur sur Hong-Kong où il commence ses préparatifs, avec la persuasion, cette fois-ci,
que, grâce à son titre de délégué chinois, l'Annam qui est,
en quelque sorte, un empire vassal de la Chine, lui accor-
dera le libre transit par le Fleuve-Rouge. Il affrète deux
canonnières anglaises qu'il nomme, l'une le *Hong-Kiang*,
l'autre le *Laokaï* et part avec les fusils et les poudres
qu'il a promis au maréchal Mâ.

« Aidé de M. Millot qu'il avait intéressé à ses combinai-
sons, dit M. H. Gauthier dans son curieux ouvrage : *Les
Français au Tonkin*, il composa son corps expéditionnaire, prit pour capitaines de ses navires MM. Vlavianos
et d'Argence, choisit d'anciens militaires qui devaient être
commandants ou instructeurs de l'artillerie du maréchal
Mâ, des ingénieurs engagés, les uns pour l'exploitation
des mines, les autres pour diriger des fonderies de canons
au Yun-nam, en tout vingt-trois Européens et une centaine d'Asiatiques, Malais ou Chinois. Ses navires furent
armés d'artillerie, ses équipages de chassepots et de
revolvers. Car on prévoyait des luttes à soutenir, notamment contre les pirates. »

Le 9 novembre 1872, la petite troupe arrive en vue du
Delta tonkinois et s'engage dans l'embouchure du Fleuve-

____

(1) H. GAUTHIER. *Les Français au Tonkin.*

Rouge. On prend la route la plus directe, c'est-à-dire le canal du Cua-Loc, qui communique avec un autre bras du fleuve à Hong-Yen.

Le même jour Dupuis mouille devant Hanoï, la capitale du Tonkin, et c'est là que commencent ses tribulations.

Il avait jusque-là navigué en pleine liberté, faisant du commerce avec les habitants paisibles de ces riches contrées.

Arrivé à Hanoï, il augmente ses moyens de défense et finit par établir une sorte de quartier militaire à lui, dans lequel il installe les miliciens tonkinois et annamites qu'il a organisés.

Mais sa prospérité est bientôt jalousée par les mandarins de l'ombrageux Tu-Duc. Le mandarinat, voilà la plaie des pays de l'Extrême-Orient; c'est une sorte de féodalité qui pressure le peuple et l'accable d'impôts. Ce qu'en pensait Francis Garnier, en 1864, donnera au lecteur une idée exacte de cette caste orgueilleuse :

« Il y a, dit-il, en Cochinchine, comme dans tous les pays de civilisation chinoise, deux classes bien distinctes : les lettrés et le vulgaire. A la première appartient toute l'autorité, toute l'administration. Entre les lettrés annamites et nous, la lutte est éternelle, et cet orgueil froissé, cette haine intéressée s'élevant parfois chez eux à la hauteur d'un sentiment de patriotisme, leur fera accepter courageusement une guerre sans trêve comme sans espérance (1). »

Ces hauts dignitaires de l'Empire d'Annam finirent donc par voir d'un mauvais œil qu'un Français pût s'établir

____

(1) H. GAUTHIER. *Les Français au Tonkin.*

ainsi, presque officiellement, dans le Tonkin. Au nom de la cour de Hué, ils lui suscitent mille difficultés, interdisent aux habitants, sous les peines les plus sévères, la moindre relation commerciale avec lui et, finalement, le somment de rebrousser chemin.

M. Dupuis, ne tenant aucun compte de ces sommations, laisse à Hanoï ses canonnières et continue sa route vers le Yun-nam. Il atteint Manghao dans les premiers jours de mars 1873, livre ses fusils et ses munitions au maréchal Mâ et revient sur Hanoï avec une escorte de cent cinquante Chinois.

Les vexations à son égard continuent, les mandarins lui reprochent spécialement le commerce du sel, lancent des proclamations contre lui, et j'en cite un exemple :

« Il est vrai, dit cette proclamation, que les Mandarins du Yunnam ont donné à un Français mission de transporter un matériel de guerre, mais cela ne l'autorise pas à faire un commerce de sel ; ceux qui en vendront, ou qui fourniront barques ou bateliers, seront punis comme conspirateurs contre l'État, et leur famille exterminée jusqu'à la racine (1). »

FRANCIS GARNIER

C'est cette question du sel qui va définitivement mettre le feu aux poudres.

M. Dupuis, voyant désormais que la situation n'est plus tenable, se réclame des bons offices de l'amiral Dupré. gouverneur de Saïgon, et, enfin, nous voyons paraître sur la scène l'héroïque lieutenant de vaisseau Francis Garnier

(1) H. GAUTHIER.

qui, à la tête de 180 hommes, et ayant pour le seconder MM. de Trentinian, Bain, Esmez et Balny d'Avricourt, arrive devant Hanoï avec la corvette le *d'Estrée* et trois canonnières, *l'Arc*, *l'Espingole* et *le Scorpion*.

Il fait immédiatement prévenir les autorités annamites qu'il est envoyé par le Gouvernement de Saïgon pour régler le différend pendant entre elles et M. Dupuis. Sa communication reste sans réponse, comme sans effet. Il y a dans la citadelle un certain maréchal nommé Nguyen-Tri-Phuong, qui a fait contre nous la guerre de Cochinchine et nourrit une haine sauvage contre tout ce qui est français. Cet homme ne veut entendre aucune parole de paix. Garnier est insulté et sa mission méconnue.

Nguyen-Tri-Phuong va même jusqu'à en dénaturer l'objet dans une proclamation odieuse que le chef de l'expédition française le prie de retirer immédiatement. Comme il n'obtient pas satisfaction, il se résout à le combattre pacifiquement en employant ses propres armes, et voici ce qu'il dit aux Tonkinois :

« Au peuple Tonkinois :
« Le gouverneur de cette ville vient de faire une proclamation au peuple, qui dénature ma mission.
« J'ai été envoyé ici pour examiner les différends survenus entre M. Dupuis et les autorités annamites et tâcher, si faire se peut, de les aplanir, mais nullement pour expulser M. Dupuis.
« Ma mission a un autre but dont le principal est de protéger le commerce, etc..... (1).

Bref, il pose un *ultimatum* auquel le vieux chef annamite ne répond que par un silence aussi insolent que dédaigneux.

(1) H. Gauthier. *Les Français au Tonkin*.

L'amiral Dupré, quoi qu'en ait dit, dans une lettre à Garnier, un certain **M.** Philastre dont je parlerai plus loin, ayant donné carte blanche au chef de la petite expédition, celui-ci se décide à frapper un grand coup.

L'extrait qui suit d'une lettre à son frère, que cite **M.** Gauthier, dépeint bien la grandeur d'âme, l'esprit de résolution et la noblesse de caractère de ce marin :

19 novembre, 10 heures du soir

« *Alea jacta est !* Ce qui veut dire que les ordres sont donnés. J'attaque demain, au point du jour, 7,000 hommes derrière des murs, avec 180 hommes. Si cette lettre te parvenait sans signature, c'est-à-dire sans nouvelle addition de ma part, c'est que j'aurais été tué ou grièvement blessé. Dans ce cas je te recommande Claire et ma fille ! »

C'est alors que s'accomplit l'une des plus belles épopées de l'histoire du Tonkin, et l'on croit véritablement rêver quand on pense qu'un chef héroïque, avec 180 marins, à 3,000 lieues de la Patrie, s'empare d'une ville qui contient 50,000 habitants et, après un combat d'une heure, de un contre cinquante, enfonce les portes d'une citadelle des mieux défendues, obtenant, comme résultat immédiat, la possession complète d'une province de près de 2,000,000 d'habitants.

Ces braves gens ont si merveilleusement opéré que, le lendemain, à leur réveil, ils trouvent entassés, dans un coin de la citadelle, 2,000 soldats qui se prosternent devant eux, attendant avec résignation qu'on les décapite, selon les lois de la guerre, chez eux.

On leur laisse la vie sauve, et on les organise en une milice chargée de maintenir l'ordre dans la ville. Le vieux maréchal Nguyen-Tri-Phuong, se voyant pris, refuse toute nourriture et se laisse mourir de faim.

Le jeune vainqueur ne perd pas de temps ; la besogne est bonne, il faut la continuer ; il dissémine ses petites forces, s'empare encore d'autres points stratégiques et, le 11 décembre, tout le Delta est à lui ; il laisse dans les places conquises une petite garnison, sous les ordres de M. Bain, pour Hanoï, d'un gouverneur soumis pour Hung-Yen, du général annamite Bâ, pour Phu-li ; M. Hautefeuille commande à Ninh-Binh, M. Balny d'Avricourt à Haï-Dzuong ; pour lui, il se confine dans la citadelle de Nam-Dinh.

Il administre, lance des proclamations pacifiques qui ramènent peu à peu la confiance des populations, nomme des mandarins à sa solde et maintient à leur poste ceux qui se sont tenus en dehors de toute hostilité.

Et si, à ce moment-là, alors qu'il jouissait de la plénitude de ses triomphes, quelques centaines d'hommes de renfort lui étaient parvenus, nous n'eussions certainement pas eu besoin de recommencer, dix ans plus tard, et au prix de quels sacrifices, une conquête si merveilleusement effectuée en trois jours de temps !

C'est alors que la cour de Hué, apprenant avec stupéfaction l'accomplissement de ces exploits, commence à rabattre un peu de sa morgue insolente ; ses velléités guerrières tombent comme par enchantement, et Tu-Duc expédie à Hanoï des émissaires chargés de négocier un arrangement.

Tout marchait donc au-delà de nos espérances quand une effroyable catastrophe, arrivée le 21 décembre 1873, vint tourner complètement la face des choses.

Ce jour-là donc, il y avait grande réunion à la citadelle

des mandarins de Tu-Duc, de trois évêques, dont Mgr Puginier, chef de la mission de Ké-so, célèbre par les services
qu'il n'a cessé de rendre à la cause française, lorsqu'on
vint annoncer qu'un parti de Hékis ou Pavillons-Noirs,
venait d'attaquer la citadelle. Francis Garnier sort, suivi
d'une poignée d'hommes et, par un moment, se trouvant
seul, entouré d'une bande de ces brigands, il succombe et
a la tête tranchée. Balny d'Avricourt, qui veut venger son
chef, trouve la mort dans les mêmes conditions, à quelque
distance seulement du premier endroit fatal.

Ce deuil, imprévu pour nos armes, donne un regain d'in-
solence aux mandarins qui sont venus pour traiter ; ils s'en
vont sans avoir rien conclu ; néanmoins, les lieutenants
de Francis Garnier conservent leurs positions et rien n'est
encore perdu, pour peu que le Gouvernement, à la tête
duquel se trouve M. de Broglie, veuille bien jeter les yeux
sur le Delta tonkinois ; mais le Gouvernement a bien
d'autres soucis et ne veut rien faire pour sauver la situation.

M. Philastre est dépêché à Hanoï avec pleins pouvoirs
pour tirer les choses au clair et préparer un traité de paix
avec Tu-Duc.

Plusieurs extraits d'une lettre que cet envoyé de la
République française avait adressée précédemment à Francis Garnier après son coup de main sur Hanoï, donneront
au lecteur, mieux que tous les commentaires possibles,
une idée des dispositions d'esprit dans lesquelles devait se
trouver M. Philastre, quand il partit à son tour pour le
Tonkin. Cette missive, c'est encore M. Gauthier, ami et
admirateur du malheureux Garnier, qui nous en a con-
servé les termes dans son ouvrage déjà cité :

« Votre lettre, dit M. Philastre, m'a jeté dans la plus profonde stupéfaction. Je croyais encore que c'étaient là de vaines menaces...

« Avez-vous songé à la honte qui va rejaillir sur vous et sur nous, quand on saura qu'envoyé pour chasser un baratier quelconque et pour tâcher de vous entendre avec les fonctionnaires annamites, vous vous êtes allié à cet aventurier pour mitrailler, sans avis, des gens qui ne vous attaquaient pas et qui ne se sont pas défendus...

« Vous vous êtes donc laissé séduire, tromper et mener par ce Dupuis ? »

« Vos instructions ne vous prescrivaient pas cela.

« L'amiral ne voit pas encore toute la gravité, tout l'odieux de votre agression ; il suit une voie bien étrange. Cette affaire va soulever un *tolle* général contre lui et contre vous ! »

Tu-Duc lui-même n'eût pas mieux dit et, sur cette lecture, il n'y a plus qu'à tirer le rideau ; le fonctionnaire qui prétend que Garnier a agi sans mandat officiel, dans l'unique intérêt d'un *baratier quelconque*, pourquoi pas d'un forban, puisque, pour M. Philastre, Jean Dupuis n'est qu'un aventurier, ce fonctionnaire-là ne doit certainement pas avoir des idées tendres sur l'œuvre de Francis Garnier, il ne profitera pas non plus, sans doute, d'avantages qui ne sont que le résultat d'une *odieuse agression*.

On va donc ménager ces bonnes gens de la cour de Hué et faire amende honorable au gracieux Tu-Duc : c'est du moins ce qui résulte du voyage de M. Philastre à Hanoï. La reculade est honteuse, mais qu'importe le sang des martyrs si généreusement versé déjà !...

L'œuvre de M. Philastre, je la résume en trois points :

1° Évacuation des garnisons, quand on aurait pu les conserver sans de nouveaux sacrifices ;

2° Traquement et massacre des mandarins et soldats

fidèles à notre cause : c'est la conséquence de l'évacuation.
Il est vrai de dire qu'on avait promis à M. Philastre qu'ils
ne seraient pas molestés, mais notre délégué avait dû déjà
être édifié sur la bonne foi du Chinois en général et de
l'Annamite en particulier ;

3° Signature de deux conventions, les 5 janvier et 6 février 1874, et aux termes desquelles on évacue les positions
acquises, comme il vient d'être dit. Une amnistie pleine et
entière est accordée à tous les sujets annamites qui ont
été nos alliés, ce qui n'empêche pas, non plus, leur massacre ultérieur, enfin :

« Les Français s'établissent à Haï-Phong afin..... de forcer
les navires de certain Dupuis de demeurer au port (*d'Haï-
Phong*) jusqu'à la conclusion du traité. Le nommé Dupuis, ainsi
que les Français et les Chinois qui l'accompagnent quitteront
la ville de Hanoï avant les troupes françaises et se rendront à
Haï-Phong conduits par un officier français ; ils attendront là
que le fleuve soit ouvert au commerce... Une fois dans le Yun-
nam, Dupuis ne reviendra plus au Tonkin avant l'ouverture du
fleuve au commerce. Si, au lieu d'aller en Yun-nam, il se fixait
en quelque endroit appartenant au royaume annamite sans en
avoir l'autorisation, les Français s'engagent à aller l'en chasser
et, si c'est nécessaire, ils requerront le Gouvernement annamite
qui enverra des soldats de son côté ! »

Tel est l'échafaudage des grandes choses accomplies
par M. Philastre.

En voici le corollaire :

M. Dupuis est principalement atteint, on vient de le voir ;
comme il pourrait gêner les petits tripotages de M. les
Mandarins, on le supprime.

Mme Garnier, la veuve du martyr, a toutes les peines du
monde à obtenir qu'une partie de la pension de son mari

soit reversée sur sa tête : Francis Garnier, paraît-il, n'est pas mort à l'ennemi !

Enfin, **M.** Philastre est fait Officier de la Légion d'honneur !

La chose était d'obligation.

Quelle ironie ! ou plutôt quelle ingratitude des hommes !

Mais le plan que j'ai adopté pour ce livre ne comporte pas une plus longue étude sur les origines de l'expédition du Tonkin ; je n'ajouterai donc, pour terminer ce chapitre, un peu long déjà, qu'un court résumé de l'expédition *Rivière*, qui nous amène désormais à l'époque où nous sommes.

RIVIÈRE

Après les conventions Philastre, était venu le traité du 15 mars 1874. Nous reconnaissions la souveraineté de l'Annam et son entière indépendance ; on nous ouvrait trois ports, deux dans le Tonkin, Hanoï et Haï-Phong, un dans l'Annam, Qui-Nhon, près de Hué. Le Fleuve-Rouge nous était ouvert jusqu'au Yun-Nam ; nous n'y avions cependant qu'un droit de passage, et la question du trafic était réservée.

A Hanoï, nous obtenions pour nos nationaux la Concession française.

Mais, hélas ! ce bon Tu-Duc ne devait pas tenir bien longtemps encore la foi jurée. Neuf ans de demi-exécution d'un traité qui lui pesait, c'en était trop pour cette conscience annamite en rupture de loyauté !

Encore une fois la corde casse, et le traité violé appelle l'expédition du commandant Rivière.

Il part donc pour Hanoï, le 26 mars 1882, ayant à sa disposition deux navires, *le Parseval* et *le Drac* avec 400 hommes.

Il trouve là le commandant Berthe de Villers avec deux Compagnies d'infanterie de marine ; quelques troupes viennent plus tard avec trois canonnières, *la Fanfare, la Massue, la Carabine*, ce qui porte l'effectif du corps expéditionnaire à 620 hommes.

Le 25 avril 1883, Rivière s'empare de la ville et de la citadelle d'Hanoï : le Tong-Doc, ou gouverneur, se pend pour ne pas tomber au pouvoir des Français.

Pendant un an le chef du petit corps expéditionnaire se maintient dans cette ville, jusqu'à ce que les mandarins, menaçant de couper ses communications du côté de Nam-Dinh, il accourt, le 28 mars 1883, devant cette place dont il s'empare également, victoire qui nous coûte malheureusement la vie du lieutenant-colonel d'infanterie de marine Carreau.

Mais, voici que du côté d'Hanoï, où n'a été laissée qu'une assez faible garnison, les Hékis ou Pavillons-Noirs deviennent insolents ; Berthe de Villers les pourchasse, ils reviennent chaque nuit à la charge, et, la situation ne laissant pas que d'être dangereuse, Rivière rentre dans l'ancienne capitale du Tonkin. Voici ce qu'il trouve affiché jusque sur les murs de la Concession :

« Téméraires Français, votre mort sera insuffisante pour effacer l'offense qui nous est faite par votre introduction dans le pays de nos pères. Moi, robuste guerrier, je vous défie tous, mes lances et mes armes couvrent le sol, je ne saurais vous craindre (1).

(1) H. Gauthier

C'est Lhu-Vinh-Phuoc lui-même, le général de ces bandits, qui signe cette littérature.

Du reste, il joint l'action à la parole, ses pirates parcourent toute la campagne, entre Bac-Ninh et Sontay, pillant, massacrant, incendiant jusque dans les rues éloignées d'Hanoï même. Il n'est pas de jour désormais que ce maître routier ne tente un coup de main contre la citadelle ; mais Rivière est là, et chaque fois il est refoulé, jusqu'à ce qu'enfin, un nouveau deuil venant nous assaillir, l'infortuné commandant succombe dans une sortie malheureuse, près de l'endroit même où, le 21 décembre 1873, Francis Garnier trouva la mort. Ce jour-là, 19 mai 1883, la France perd encore quelques-uns de ses plus nobles enfants, car avec Rivière périssent également le commandant Berthe de Villers, le capitaine Jacquin, le lieutenant de Brisis et l'aspirant de marine Moulun, en tout vingt-neuf hommes, tant officiers que soldats, plus cinquante-quatre blessés.

Le nom du commandant Rivière est devenu tellement populaire en France, il est resté si intimement lié à cette expédition du Tonkin que certains détails sur la malheureuse journée du 19 mai ne seront pas déplacés ici :

Du côté de Phu-Quoc-Ai, l'ennemi arrivait, de beaucoup supérieur en nombre aux petites troupes commandées par Rivière ; on était alors sur la digue qui conduit au Pont-de-Papier, et les Pavillons-Noirs devenant de plus en plus agressifs, Rivière, pour les repousser, fit charger à mitraille le canon du *Villars* qu'il avait à sa disposition. Mais la pièce trop chargée subit un mouvement de recul qui la fait glisser dans la rizière boueuse ; le cheval qu'on y avait attelé reçoit une balle et devient inutile ; c'est, hélas !

cette malheureuse pièce d'artillerie qui va être la cause
des douloureux événements qui vont suivre.

Le commandant Rivière, l'aspirant Moulun, d'autres
officiers encore et des soldats s'attellent à la pièce qui est
enfin hissée sur la digue : mais, au cours de cette manœuvre,
le jeune Moulun s'affaisse le crâne fracassé : il avait
vingt ans !... Pendant qu'on le porte sur le talus, c'est
le tour de Rivière qui a l'épaule gauche trouée par une
balle : il refuse l'aide qu'on lui l'offre et continue à marcher
lentement derrière la pièce qui ne doit pas rester aux
mains de l'ennemi et qui roule désormais sur la digue, dans
la direction d'Hanoï. Mais il a à peine fait quelques pas
qu'il tombe à son tour pour ne plus se relever, car les
bandits qui l'épient se précipitent sur lui comme des fauves
et le décapitent.

« Lorsque Rivière tomba, dit M. Baude de Meurcelay,
les Chinois accoururent. Sa tête était mise à prix, chacun
voulait la prendre, il y eut bousculade ; ils luttèrent entre
eux, se disputant ses dépouilles... C'est ce qui me fait
espérer que si le pauvre Rivière respirait encore il n'a
pas dû longtemps souffrir, les ennemis, dans leur sinistre
âpreté de gain, se précipitant à qui lui trancherait la tête
pour en faire un trophée.

« Les mains furent coupées ensuite par des acharnés,
jaloux de commettre une barbarie nouvelle ; et tous ces
débris du glorieux mort, promenés au bout des piques à
travers l'Annam, qui se félicitait d'une victoire. »

Grâce aux soins de M^{sr} Puginier qui était devenu l'ami
dévoué de Rivière, la tête de l'infortuné commandant fut
retrouvée plus tard, enduite de vernis et enfermée dans
une boîte en laque que les Pavillons-Noirs avaient enterrée

Le commandant Rivière.

sur la route de Sontay, à Ké-Maï, afin que les passants pussent la piétiner et profaner inconsciemment le noble chef de ce héros martyr.

Le reste de son corps retomba également en notre possession avec la plupart de ceux de ses compagnons d'armes. Un service funèbre fut dit à leur intention par Mgr Puginier; toutes les troupes présentes à Hanoï y assistèrent, et le commandant Morel-Beaulieu arracha des larmes à tous les soldats présents, lorsqu'en termes émus il retraça la vie si grande dans sa simplicité et la fin si malheureuse de cet homme, mort au champ d'honneur, pour la défense du drapeau français . . . .

. . . .

Cependant, depuis dix ans, l'opinion publique s'est modifiée en France; on a fini par comprendre, enfin, que notre pavillon ne doit pas être plus longtemps en butte aux insolences d'un ennemi déloyal et de pillards assassins soudoyés et soutenus par la cour de Hué.

La Chambre, en apprenant la terrible nouvelle, pendant qu'elle délibère, justement le 21 mai, sur les secours à envoyer au commandant Rivière, dit unanimement qu'il faut relever le gant. Elle vote les crédits nécessaires pour entreprendre l'expédition à laquelle j'ai eu l'honneur de participer, et le ministère envoie au Tonkin, par télégramme, l'ordre du jour suivant :

« La Chambre a voté, a l'unanimité, le crédit pour le Tonkin, la France vengera ses enfants ! »

CHAPITRE IX

Quand nous abordâmes au Tonkin, beaucoup d'autres, avant nous, avaient arrosé de leur sang cette terre qui devait coûter encore tant de sacrifices avant de devenir terre française.

Rivière et de Villers inauguraient donc, à proprement parler, l'expédition : elle ne fut réellement organisée que le jour où la direction des opérations fut partagée entre le général Bouët, pour le commandement des troupes de terre, l'amiral Courbet pour les manœuvres navales, et le Dr Harmand, l'ancien compagnon d'armes de Francis Garnier, pour l'administration civile.

L'histoire détaillée des beaux faits d'armes accomplis là avant notre arrivée, c'est-à-dire du 7 juin 1883 à la retraite de Lang-Son, 28 mars 1885, comporterait à elle seule la matière de tout un livre, et je ne puis, par conséquent, donner ici qu'une analyse succincte des événements.

Le 19 août 1883, prise de Haï-Dzuong par le lieutenant-colonel Brionval, venu avec 300 hommes sur *la Carabine* et *le Yatagan*.

Les 1er et 2 septembre, combat de Palan, qui nous donne le territoire compris entre le Lach-Day, depuis Dich-Vi jusqu'aux environs de Phu-Quoc-Aï. Ce poste de Palan est enlevé à la baïonnette. Nous devons noter spécialement l'épisode de la prise de Don-Phung par le commandant Berger : une inondation subite fait que, d'après le rapport même du général Bouët, nos soldats « ont de l'eau jusqu'aux épaules et sont forcés de tenir le fusil haut pour que la culasse puisse continuer à fonctionner. »

La prise de Palan nous déblaye la route jusqu'à Sontay.

Quelque temps auparavant, le 17 juillet 1883, Tu-Duc est mort, laissant sa succession à l'un de ses neveux, Hiep-Hoa.

De son côté, le 16 août, l'amiral Courbet se présente dans les eaux de Tourane et s'empare des forts de Thuan-An.

Les 18 et 19, *le Bayard*, portant pavillon de l'amiral, et *l'Atalante*, viennent s'embosser en rade de Hué, et bombardent la ville.

Enfin, le 25 août 1883, traité de paix signé par M. Harmand; il stipule, entre autres clauses, que l'Annam est sous notre protectorat, qu'il n'aura aucune communication diplomatique avec les autres puissances étrangères « y compris la Chine », si ce n'est par notre intermédiaire.

L'Annam rappellera ses troupes du Tonkin et ouvrira au commerce de toutes les nations, les ports de Qui-Nhon, Tourane et Xuan-Day. Enfin, nous aurons un résident à Hué et dans tous les chefs-lieux de provinces tonkinoises, la facilité de circuler sur le Fleuve-Rouge et d'établir des postes militaires là où bon nous semblera.

Mais l'exécution de ce traité serait une trop belle chose pour la franchise des Annamites ; les mandarins, encore une fois, refusent de se soumettre.

Le 25 octobre 1883, l'amiral Courbet est nommé commandant en chef. Le général Bouët, à la suite de quelques dissentiments avec M. Harmand, .était rentré en France, le 18 septembre, laissant l'intérim au colonel Bichot.

Le 15 décembre, prise de Phu-sa, en avant de Sontay ; le 17 du même mois, cette dernière ville est à nous. La prise de Sontay, par l'amiral Courbet, compte parmi les plus beaux faits d'armes de l'expédition du Tonkin.

Pendant cette série de combats, les mandarins, dignitaires de la cour de Hué, ont empoisonné l'empereur Hiep-Hoa et une révolution de palais a fait passer le pouvoir sur la tête de son neveu, un enfant nommé Kien-Phuoc.

Des renforts arrivent de France ; le 12 février 1884, le général Millot prend la tête du corps expéditionnaire porté à un effectif de 17,000 hommes et divisé désormais en deux brigades, l'une sous les ordres de Brière de l'Isle, l'autre sous les ordres de Négrier ; Courbet reste à la tête de la division navale.

Le 12 mars 1884, prise de Bac-Ninh par les deux brigades réunies, le 13 du mois suivant, occupation de Hong-Hoa.

Le 11 mai, convention de Tien-Tsin, signée par le commandant Fournier, d'une part, et Li-Hung-Chang, vice-roi du Pé-tchi-li, de l'autre, mais convention verbale, malheureusement, du côté du représentant de la Chine ; c'est une circonstance dont le Céleste-Empire va tirer parti à propos de Bac-Lé.

En conséquence de cette convention, plusieurs postes,

dont Lang-Son, doivent être évacués par les Réguliers chinois.

Le général Millot, s'appuyant sur cette clause, donne au colonel Dugenne l'ordre de former une colonne qui devra aller prendre possession de cette place, mais, le 23 mai, le colonel est forcé de rebrousser chemin, parce que les Chinois qui sont de ce côté, prétendant ignorer la convention Fournier, ont écrasé sa petite troupe dans une gorge de montagne, aux environs de Bac-Lé.

La guerre est donc à recommencer, et ce, pendant un an, avec l'empire de Chine.

C'est alors, qu'en représailles du guet-apens de Bac-Lé, Courbet est dépêché dans les mers de Chine, occupe Formose, bombarde la ville et l'arsenal de Fou-Tchéou, et que Brière de l'Isle, qui a succédé au général Millot, entame, de concert avec Négrier et le colonel Giovanninelli, la célèbre marche sur Lang-Son dont je parlerai plus loin.

Il est bon de dire que l'empereur Kien-Phuoc est mort, on ne sait comment, le 31 juillet 1884 : c'est le troisième depuis le commencement de la guerre : nos bons mandarins de Hué font une grande consommation de monarques.

Ils mettent sur le trône un autre enfant, nommé Ung-Lich.

Mais, avant d'aller plus loin dans la collation de ces notes, je crois devoir faire connaître un peu quels gens sont les sauvages que j'ai désignés jusqu'ici sous le nom de Pavillons-Noirs ou Hékis.

A notre arrivée ici, le 1er mars 1885, nos engagements avec les Annamites sont à peu près terminés: Lang-Son, suivi de la paix du 9 juin, nous débarrasse aussi des Réguliers chinois : il ne reste donc plus officiellement en scène que les Pavillons-Noirs: je dis « officiellement », car, même après Formose et les Pescadores, le déloyal Gouvernement de Pékin soudoie quand même des soldats contre nous et les Pavillons-Noirs, dans les différentes escarmouches ou rencontres ultérieures que nous avons aveceux, ne sont bien souvent que des Réguliers chinois fournis en majeure partie par la province du Kouang Si.

Le temps que nous passâmes au Tonkin fut principalement celui de la période de pacification, aussi nos services dans cette province, déjà très pénibles, vont se borner à des marches én colonnes, destinées à balayer le terrain toujours infesté de pirates. Nous verrons cependant, plus tard, le bombardement de Than-Maï, après le guet-apens de Hué, mais la période la plus dangereuse pour nous, celle où il faudra faire pârler la poudre, sera notre campagne au Cambodge et dans l'Annam.

Je reviens donc à mes Pavillons-Noirs, et voici à peu près ce que nous en ont raconté nos officiers, quelques jours avant notre première marche en colonne.

Leur histoire ne remonte pas bien haut : vers 1863, la province chinoise de Kouang-Si devint le théâtre d'une formidable et terrible insurrection que les troupes du Céleste Empire eurent toutes les peines du monde à disperser.

Quand ils furent anéantis, les insurgés se répandirent, de cette province voisine du Tonkin jusque par-delà les rives du Song-Cau ou Fleuve-Rouge, ayant à leur tête un des leurs qu'ils s'étaient choisis et qui répondait au nom harmonieux de « Ou-Tsong ». Ils prirent donc, pour ainsi dire, possession de tout le territoire tonkinois situé sur les rives du Fleuve-Rouge, levant des impôts par ci, razziant et

pillant par-là toutes les barques de riz qui descendaient la
rivière, tuant et massacrant au besoin, dans les villages
qui faisaient mine de résister.

Ou-Tsong mort, la bande se divisa en deux camps rivaux
commandés, l'un par Hoang-Anh, c'étaient les Pavillons-
Jaunes, l'autre par Luh-Vinh-Phuoc, c'étaient les Pavillons-
Noirs.

Ces derniers exterminèrent leurs collègues en brigan-
dage, et nous ne restâmes plus en présence que des soldats
de Luh-Vinh-Phuoc (Loup-Phoque) selon notre expression.

On ne peut rien imaginer de plus féroce que ces bandits
qui, ne reconnaissant pas les droits de la guerre, font
souffrir à leurs prisonniers mille morts pour une.

Je donnerai un spécimen des supplices raffinés qu'ils
font endurer aux malheureux qui tombent entre leurs
mains : celui du croc, par exemple, invention cruelle et
diabolique.

Le long d'un mur — le plus souvent à l'entrée d'une
pagode — existe une rangée de longues fiches de fer
aiguës et recourbées, à la manière des crochets qu'on voit
à l'étal de nos bouchers ; au-dessus de ces crocs, une
barre de bambou sur laquelle une poulie circule dans tous
les sens. Le patient est attaché les pieds et les mains réunis ensemble ; au moyen de la poulie on le hisse à une
certaine hauteur au-dessus du croc qu'on lui destine ; une
sonnerie infernale de gongs et de tam-tam se fait entendre ;
le bourreau lâche subitement la corde, et le paquet de chair
humaine vient s'enferrer. Si le martyr a été touché dans
une partie essentielle, il meurt ; si, au contraire, comme il
arrive la plupart du temps, la pointe meurtrière n'atteint
pas un organe vital, l'infortuné met deux et trois jours

Deux Pavillons-Noirs pris à Tuyen-Quan.

BIBLIOTHÈQUE NATIONALE — IMPRIMÉS — R. F.

à succomber dans des souffrances inimaginables, pendant que les corbeaux se repaissent de sa chair pantelante.

Au combat, ils coupent la tête de nos morts et de nos blessés, quand nous n'avons pas le temps de les enlever et les mutilent de la façon la plus horrible : têtes, pieds et mains, tout cela est fixé à de longues perches de bambous, puis ils promènent ces sanglants trophées dans les villages qu'ils terrorisent : ceci n'est que pour mémoire et nous en verrons bien d'autres, paraît-il : c'est très réconfortant !

A Haï-Dzuong, au mois d'août 1883, sept de nos soldats, dont un sous-lieutenant d'infanterie de marine, subirent le supplice du croc. Ils avaient été surpris près du canal des Bambous, et leurs restes mortels furent découverts par le petit corps de débarquement de *la Carabine* et du *Yatagan*, lieutenant-colonel Brionval. Ils reposent aujourd'hui au milieu de la citadelle d'Haï-Dzuong (1).

« Les Pavillons-Noirs, nous dit M. de Lonlay, dans ses intéressants récits anecdotiques sur le Tonkin, dès le début de la campagne étaient surtout composés de Réguliers chinois, envoyés par les mandarins.

« Ils sont de haute taille, ont les traits durs, accentués, et présentent le véritable type mongolien : nez écrasé, pommettes saillantes, yeux bridés, teint bistré.

« Le Pavillon-Noir recouvre sa natte, roulée en chignon au sommet de la tête, d'un turban noir, rouge ou vert et pose sur le tout un large chapeau de bambou tressé, aux bords plats et dont le fond se relève en pointe, comme un clocheton de pagode.

(1) Ce détail est relaté par M. de Lonlay.

« Tous ces Chinois, Pavillons-Noirs ou Réguliers, sont armés du fusil Winchester ou du Remington à répétition.

..... « Chez les Pavillons-Noirs, le fond du drapeau est noir, bordé de franges rouges et porte en blanc des emblêmes funèbres, tels que têtes de morts, os en croix, etc. »

Tels sont les affreux coquins avec lesquels nous allons avoir à nous mesurer.

Pour être plus exact, je dirai que notre bataillon du 2ᵉ Zouaves était plutôt destiné à de continuelles escarmouches qu'à des combats sérieusement engagés et méthodiquement suivis ; nous marchions toujours en colonne, plutôt en bandes de guérillas qu'en troupes rangées ; mais nous n'étions pas moins exposés, car nous avions toujours à nous protéger contre les surprises d'un ennemi souvent invisible.

Je reprends donc la suite de mon récit.

CHAPITRE XII

Trois jours après notre arrivée à Haï-Phong, c'est-à-dire le 3 mars 1885, nous nous embarquons sur *la Fanfare* à destination de Dap-Cau.

Il y a deux jours qu'une escouade de la 4ᵉ compagnie dans laquelle se trouve mon compatriote, le caporal Mignot, de Montrichard, est partie pour Hanoï, escorter un convoi de vivres.

On a vu précédemment que la 4ᵉ Compagnie avait débarqué ici quarante-huit heures avant nous, c'est donc elle qui, dans notre bataillon, a l'honneur d'une première marche au Tonkin.

Un remorqueur, aux flancs duquel sont accolés les deux sampans qui contiennent le chargement, doit transporter nos camarades au but de leur voyage.

Ils mettent douze jours à l'atteindre, car ils se sont ensablés à trois kilomètres du poste des Bambous et sont restés dix jours en détresse, jusqu'à ce qu'une forte marée vînt enfin les délivrer.

Quant à nous, nous arrivons à Dap-Cau, à quatre heures et

demie, le soir même de notre départ d'Haï-Phong, après avoir navigué d'une seule traite et en apercevant des villages inconnus pour nous.

Une pagode, toute seule, de l'autre côté du fleuve, nous sert de gîte pendant la nuit; c'est la première fois que nous mettons le pied dans un temple chinois; mais celui-ci en a éprouvé de rudes; les hasards de la guerre ne l'ont point épargné, et les dieux de pierre ou de bois, qui sont rangés là, au milieu de débris de toutes sortes, semblent bien indifférents à toutes nos irrévérences, car je dois dire qu'avant de nous coucher, nous ne pouvons, malgré la fatigue, nous défendre d'un fou rire excité par les sorties bouffonnes de certains camarades sur les poses plus ou moins carnavalesques de toutes ces figures aux grimaçants contours; ces dieux, rigides dans leur étoffe de pierre, détachant leurs grandes ombres sur les murs de la pagode, produisent, à la pâle clarté de nos lampes fumeuses, un de ces effets de haut comique qui nous fait éclater jusqu'à en perdre haleine.

C'est ainsi qu'au milieu des plus grands dangers, une petite pointe de gaieté française surgit quand même, et chasse de nos esprits les idées mélancoliques.

Il faut cela.

Dap-Cau est actuellement occupé par des troupes ayant mission de veiller à l'approvisionnement des vivres et à la construction des fortifications de la place. Il y a encore là des blessés de Lang-Song qui attendent soit leur départ pour la France, soit leur guérison pour rejoindre leur corps.

Sur la rive droite de la route d'Hanoï, à 500 mètres de Dap-Cau, sur le sommet d'un joli tertre verdoyant, s'élève

un fort chinois, autrefois poste avancé de Bac-Ninh et jeté
là pour la surveillance du fleuve. Toujours sur la même
route, à quatre kilomètres plus loin, nous apercevons, se
détachant assez distinctement déjà au-dessus des rizières
et des touffes de bambous, le mirador, les remparts, et la
tour qui domine la superbe citadelle de Bac-Ninh : le drapeau tricolore qui flotte là-haut nous fait plaisir à voir;
puis viennent Phu-tu-son et le canal des Rapides : c'est à
son confluent avec le Song-Cau, près du fort des Sept-
Pagodes où j'ai omis de dire que nous sommes passés la
veille, que, le 25 février 1884, les troupes des généraux
Brière de l'Isle et Négrier, sous le commandement en chef
du général Millot, prirent position, après un combat assez
meurtrier, pour s'avancer sur Dap-Cau dont elles s'empa-
raient après un bombardement nourri. C'était le prélude
de Bac-Ninh qui, ainsi qu'on l'a vu plus haut, tombait en
notre pouvoir, après quatre jours d'efforts et de fatigues,
grâce surtout à la promptitude et à l'énergie de Négrier.

La citadelle de Bac-Ninh est l'un des plus beaux modèles
du genre. Elle figure un grand rectangle entouré d'eau, et
on accède à l'entrée principale au moyen d'un pont de
pierre jeté sur le fossé qui l'entoure. La porte est sur-
montée d'un mirador, sorte de point de vue ou d'observation affectant la forme d'un pavillon d'une architecture
élégante quoique bizarre.

Les murs sont souvent couverts d'inscriptions et de
sculptures de toutes sortes, et le faîtage de la toiture est
presque toujours surmonté de dragons et d'autres figures
d'animaux qui n'ont jamais existé que dans l'imagination
fertile de ceux qui les ont enfantés.

Sur le sommet de la tour octogone qui s'élève au centre

de la citadelle de Bac-Ninh, un jeune matelot de vingt-deux ans — c'était presque un enfant — nommé Siard, eut la hardiesse, lors de l'assaut de 1884, d'aller un des premiers planter le pavillon français.

Ce fait honore les humbles, et il est bon de le rappeler puisque l'occasion s'en présente.

Bien qu'une certaine analogie, au point de vue de la construction des travaux d'art et de défense, existe entre une citadelle chinoise et une citadelle française, il y a cependant quelque différence dans l'agencement intérieur; c'est ainsi qu'à Bac-Ninh, par exemple, nous rencontrons plusieurs pagodes, des maisons d'habitation et des logements affectés aux diverses administrations de la ville ou de l'État.

Le Chinois, on le sait, est des plus superstitieux, et ses pagodes fourmillent; le temple bouddhiste, en général, brille par la richesse des sculptures tant extérieures qu'intérieures, mais j'ai remarqué que, dans la distribution de ses décors, ce même Chinois n'excelle pas toujours par un goût parfait; il aime le clinquant, on en voit partout, souvent même beaucoup trop dans ses temples. C'est ainsi que les brocarts d'or et d'argent s'y étalent avec les soies du plus fin tissu, mais s'y marient souvent aussi avec la laine la plus vulgaire; on y trouve encore des brûle-parfums et des brûle-prières de bronze et d'argent, ciselés avec beaucoup d'art.

Au sujet de ces deux derniers objets de leur culte, je dois dire que les Chinois ou Annamites se font de la prière une idée très poétique, car cette coutume de livrer au feu du brûle-prières la feuille de papier ou l'écorce de bambou qui contient les requêtes adressées à leurs divinités, pour curieuse qu'elle nous semble d'abord, a cependant bien sa raison d'être : le symbole est touchant, puisque la fumée que produit le brûle-prières, c'est, aux yeux du Céleste, la prière elle-même qui monte jusqu'à Bouddha !

Bien souvent nous nous demandions quelle aveugle confiance pouvaient avoir ces gens-là dans la puissance de leurs dieux, pour orner de si riches demeures avec des figures de bronze qui ne disent rien à l'imagination, quand elles ne représentent pas, comme nous l'avons vu souvent, d'affreux laiderons, horribles dans leurs grimaces et leurs postures grotesques.

De Phu-tu-Son, nous continuons notre marche, toujours sur la grande route d'Hanoï, à travers des villages entourés de haies de bambous et dont on aperçoit à peine les toitures en paille de riz; de chaque côté de nous, la campagne est superbe et la végétation luxuriante. Nous laissons à gauche Que-Duong, village assez important; nous traversons le canal des Rapides que nous avions déjà vu aux Sept-Pagodes, et, après avoir dépassé le Blockaus qui fait face à Hanoï, des remorqueurs nous emportent encore une fois sur le Song-Cau.

La navigation est, en effet, un de nos moyens de locomotion les plus fréquents : on est toujours en bateau dans ces régions, et les canaux, les arroyos, les bras de rivière qui se croisent dans toutes les directions et sur lesquels peuvent évoluer nos canonnières, à cause de leur faible tirant d'eau, nous ont été d'un grand secours pour nos diverses opérations militaires, particulièrement pendant ces deux dernières années.

Nous débarquons à la douane, belle construction fran-

çaise à deux étages ; nous arrivons dans la capitale du Tonkin, à onze heures du soir, un peu fatigués de notre journée ; nous avons cependant encore deux kilomètres à faire
pour arriver jusqu'à la citadelle où nous devons passer la
nuit. Une fois rendus, beaucoup s'aperçoivent qu'ils n'ont
pas encore soupé ; on s'empresse donc de se restaurer un
peu ; le tafia remplace tout, on en absorbe une bonne dose,
après quoi, l'on s'installe, chacun sur sa couverte rehaus-
sée d'un peu de paille de riz étendue sur le sol de l'ancien
magasin à fourrage qui nous abrite. Mais on dort mal ; la
chaleur est suffocante ; je préfère l'Algérie où les mous-
tiques sont moins cruels.

Les blessés de Tuyen-Quan arrivent depuis hier ; la vue
de ces braves excite notre courage et nous inspire le désir
de les venger.

Hanoï est une grande et belle ville qui compte actuellement 120,000 habitants. Depuis deux ans, surtout sous
l'administration de Paul-Bert, de nombreux embellisse-
ments sont venus augmenter son importance. La citadelle
où nous nous trouvons est de premier ordre ; son système de défense est peut-être supérieur à celui de la citadelle de Bac-Ninh.

Nous constatons là un fait assez curieux dans ce pays :
celui d'une bonne vieille femme annamite portant sur sa
poitrine la croix de la Légion d'honneur ; nous nous infor-
mons, et l'on nous dit que, pendant l'expédition de Francis
Garnier, elle a sauvé des mains des Pavillons-Noirs, en
les cachant dans une vieille pagode de la citadelle et en
les nourrissant de ses seules ressources, une vingtaine de
matelots qui eussent certainement trouvé la mort la plus
affreuse sans son dévouement et sa présence d'esprit. Tel

est le fait dans toute sa simplicité héroïque: aussi, quand la petite vieille passe devant le poste, la sentinelle porte les armes et les hommes saluent.

Après avoir touché, le lendemain de notre arrivée, des vivres pour six jours, nous prenons la rue des Incrusteurs, actuellement rue Paul-Bert, qui nous mène à la Concession: c'est l'une des plus belles rues d'Hanoï, à en juger par les monuments qu'on y rencontre. Les autres rues principales sont la rue des Brodeurs, la rue du Chanvre, la rue Chinoise, la rue de Hué, du Lac, etc., avec l'avenue du Grand-Bouddha, qui conduit à une pagode dont je parlerai plus loin.

Le commerce des incrustations est très développé à Hanoï. On n'a pas idée, en France, de la délicatesse et, au besoin, de l'art que savent déployer les ouvriers tonkinois pour produire ces petites boîtes aussi solides qu'élégantes, ces meubles et ces mille bibelots délicats aussi bizarrement conçus que brillamment exécutés.

La nacre, profondément enchâssée dans un bois dur, s'y déroule en dessins des plus variés, sous tous les tons et sous toutes les formes.

Les difficultés d'exécution que doivent surmonter ces ouvriers fantaisistes s'accroissent en raison de l'outillage rudimentaire et défectueux qu'ils ont à leur disposition.

Les monuments sont à droite; la cathédrale, actuellement en construction, au milieu d'une place immense. La pierre est peu ou point connue au Tonkin; c'est donc la brique qui fait les frais du bel édifice que nous avons sous les yeux et dont différentes parties de la toiture, déjà couvertes en zinc, reflètent les rayons du soleil. Cette église ne le cède en rien, pour la grandeur et les proportions gracieuses en même temps que hardies, à nos plus magnifiques cathédrales de France. Tout à côté, la Sapèquerie; le nom du monument indique que c'est là qu'on fabrique, au moyen d'un alliage de cuivre, de terre et de zinc, cet objet d'un art douteux, percé d'un trou carré par le milieu et qui sert ici de monnaie; on a deviné la sapèque. Qu'on juge de sa commodité: il en faut six cents pour valoir treize sous, et une sapèque équivaut à peu près, en volume et en poids, à une pièce de cinq centimes de notre monnaie de billon.

Un peu plus loin s'étend un ramassis plus ou moins bien coordonné de vastes bâtiments: c'est le camp des Lettrés, établissement d'instruction qui fournissait, avant l'occupation française, les mandarins et autres fonctionnaires de l'Annam; puis, ce sont d'autres établissements civils, des magasins aux vitrines bien ornées, de jolis cafés, etc.

Aussi, avons-nous à peine le temps de jeter un coup d'œil autour de nous, que nous sommes déjà tout près de la Concession. C'est un vaste carré, de près de 400 mètres de côté. Nous y trouvons le quartier général et l'ancien hôpital militaire. Divers services publics sont installés là; c'est une sorte de faubourg d'Hanoï, en majeure partie français. Du reste, ce nom de Concession nous rappelle que cette partie de la ville nous fut cédée, en 1873, lors de l'expédition de Francis Garnier. Les Espagnols avaient aussi la leur à côté de nous et, de concert avec eux, nous devions, en retour, construire la grande route mandarine d'Hanoï. Les Espagnols, à l'époque du soulèvement carliste, dans leur pays, n'ayant pu continuer l'exécution de leurs engagements, leur Concession fut englobée dans la nôtre.

Ce petit quartier français est ceint d'un talus en terre et entouré de fortes palissades. La porte principale, qui donne accès en ville, est gardée par un poste, et des sentinelles vont et viennent par-ci, par-là, pour veiller, la nuit surtout à la sécurité des troupes et des administrations.

Derrière l'ancien hôpital et faisant face au cimetière européen, se trouve une pièce de canon dont la voix se fait entendre trois fois le jour: le matin, à midi et le soir.

Des bords du fleuve, on voit briller la pointe des para-tonnerres sur les monuments publics et tout à fait sur la droite, on aperçoit les trois couleurs qui flottent sur le sommet d'un grand mât, « le mât de Pavillon ».

Sur un côté de la Concession, un peu en arrière du fleuve, se trouve le cimetière dont je viens de parler: nous le visitons dans tous ses détails, quelques camarades et moi; et notre cœur se serre à la vue de toutes ces tombes fraîchement remuées et à la pensée que tant des nôtres sont couchés là, qui ne reverront jamais le sol de la Patrie!

Non loin de la citadelle, on admire une pagode magnifique; c'est la pagode dite de « Confucius ». Elle produit l'effet d'un coquet mirador flanqué de deux jolis pavillons à toits superposés et surmonté d'un motif d'architecture en guise de paratonnerre. A droite et à gauche, quatre tourelles octogones contribuent à donner à l'ensemble du monument, un cachet tout gracieux; on y accède par un pont jeté sur le fossé qui le défend et que bordent des rampes en briques de fantaisie, très élégamment agencées; les arbustes qui croissent de chaque côté, les massifs de verdure, qui forment le fond du tableau, donnent plutôt l'idée d'une villa plantée par quelque Européen en veine de chinoiserie que celle d'un temple austère sur le parvis duquel viennent se prosterner les adorateurs du monstrueux Bouddha qu'il abrite, véritable colosse de bronze que le voyageur de passage dans ces lieux tient à aller visiter avant son départ.

Un concierge, installé avec sa famille dans une des quatre tourelles qui encadrent la pagode, a la garde de ce Dieu à qui les fervents viennent de très loin apporter leurs offrandes et leurs prières. Les Français ont eu l'idée, en 1885, de faire transporter le Bouddha à l'Exposition universelle de 1889. J'ignore si ce projet a reçu son exécution.

A peine reposés, nous recevons, le lendemain de notre arrivée, c'est-à-dire le 6 mars, l'ordre d'embarquer sur *l'Alerte* et sur la chaloupe à vapeur *le Chapuis*, ayant chacune deux jonques en remorque; il s'agit d'aller jusqu'à Bac-Hat, au confluent de la Rivière-Claire et du Fleuve-Rouge, pour, de là, renforcer la brigade Giovanninelli qui est aux prises avec l'armée du Yun-nam que commande Lhu-Vinh-Phuoc.

Nous remontons le Fleuve-Rouge dans la direction de Sontay, rencontrant sur notre gauche Palan, qui nous rappelle la colonne du général Bouët et le combat du 1er septembre 1883. A huit heures du soir, nous jetons l'ancre devant ce village et y passons la nuit. *L'Alerte* reste à un mille en arrière. Le lendemain, 7 mars, nous passons devant le poste très bien fortifié de Phu-Sa, en avant de Sontay; là nous donnons un souvenir à l'infanterie de marine et à la légion étrangère qui s'y sont distinguées en décembre 1883, quelques jours avant la prise

de Sontay; puis, voici Sontay dont je parlerai plus loin,
puis enfin Bac-Hat, point terminus de notre marche. On
ne dirait jamais que la guerre avec tout son cortège d'hor-
reurs est passée dans ces villages ; la campagne est pai-
sible, les champs de riz bien cultivés et la récolte superbe.
Les « paillottes » ou « cagnas » sont réédifiés — il faut
si peu pour loger une famille annamite! quatre piliers de
bambous fixés en terre, quelques traverses sur lesquelles
on assujettit de la paille de riz, un toit de même façon, et
voilà un château tout prêt! une loge de charbonnier, en
France est, ma foi, plus compliquée. Au Tonkin, si l'habitant oublie ou perd sa clef, il a la ressource d'entrer par
la muraille; c'est pratique et, dans ce pays, les voleurs ne
connaissent point les crochets ou la pince-monseigneur.

Nous nous disposons à débarquer à Bac-Hat dans l'espoir
de nous refaire un peu, mais il y a malentendu, paraît-il,
le commandant de place n'a pas ordre de nous recevoir, et
nous nous voyons obligés de faire demi-tour jusqu'à Sontay.

Nous y débarquons le soir même à quatre heures et
demie pour y rester dix jours.

Là, nous sommes armés du Kropatscheck, fusil à neuf
coups ; c'est une arme superbe et qui ne nous sera point
inutile. Elle a été inventée par un capitaine autrichien et,
dans sa structure générale, elle est assez semblable au
fusil Gras; elle pèse quelque cent grammes de moins, et
sa portée lui est supérieure, puisque le Gras n'atteint que
1,800 mètres, tandis que le Kropatscheck peut aller jusqu'à 1,900.

Il existe dans le fût un tube-magasin qui contient huit
cartouches ; la neuvième est déjà à sa place dans le canon,

de sorte que nous tirons neuf fois avant de recharger.

Une qualité essentielle du Kropatscheck, c'est qu'il ne s'encrasse pas facilement ; j'ai pu moi-même m'assurer du fait et constater que mon arme était encore en excellent état après avoir, en mainte occasion, envoyé quatre-vingts et même cent balles de suite.

Le 8 mars, pendant la nuit, trois cents pirates s'annoncent à plusieurs centaines de mètres de la citadelle. Le 9, nous nous préparons à une colonne de quinze jours. Le 11, nous passons la revue du général Brière de l'Isle ; la pluie tombe à torrents et nous rentrons trempés.

Le 14, exécution de trois pirates pris les armes à la main : on lira plus loin quelques détails à propos des exécutions capitales au Tonkin.

Le 19, le lieutenant Faure, sur l'ordre du commandant d'armes, M. Pizon, de l'infanterie de marine, part avec le 2ᵉ peloton de ma compagnie pour chasser des pirates signalés au mont Bavi. Au bout de trois heures de marche, le peloton rencontre la bande dans un terrain très accidenté et la disperse après un échange de quelques coups de feu. Le soir même, le peloton est de retour : c'est le premier engagement du 2ᵉ Zouaves en Extrême-Orient.

A quelques jours de là, des paysans amènent au chef de poste de Phu-sa cinq bandits qui ont été surpris en train de vouloir piller un village. Ils sont conduits sous bonne escorte devant le Tong-Doc ou gouverneur de la Province, lequel réside à Sontay, ils sont interrogés très sommairement, jugés, puis condamnés à avoir la tête tranchée séance tenante. Cet arrêt est rendu en présence de notre Résident, M. Robert, ancien interprète principal en Cochinchine.

Je crois devoir donner, à titre de curiosité, quelques détails sur cette funèbre cérémonie.

Les cinq bandits sont amenés devant la justice de leur pays dans le plus piteux état : deux ont reçu chacun un coup de feu, un troisième a l'épaule fracassée, enfin les deux derniers ont été roués de coups par les paysans qui les ont pris. Quoi qu'il en soit, ils ne profèrent aucune plainte, et pas un ne sourcille quand le juge leur annonce que leur dernière promenade va commencer.

Ils sont donc conduits, la cangue au cou, à travers le village, dans les rues qui avoisinent la maison du Tong-Doc. En tête du cortège, je vois un Annamite qui frappe par intervalles sur un petit tambourin ; c'est le glas funèbre de ceux qui vont mourir, un autre vient ensuite qui fait résonner un gong à contre-temps. Quand le gong et le tambourin se taisent, un représentant de l'autorité qui marche au troisième rang annonce au peuple le crime commis, la condamnation prononcée et la peine qui doit être subie. Après lui, les condamnés paraissent, suivis d'une vingtaine de soldats armés de lances, puis, pour fermer le cortège, les bourreaux munis de leur coupe-coupe et aussi nombreux qu'il y a de patients à exécuter.

Cette exhibition dure un certain temps, après quoi l'on se rend au lieu du supplice qui est la place du marché de Sontay. Arrivés là, les condamnés se mettent spontanément à genoux ; chacun des exécuteurs s'empare de son client, enfonce en terre, derrière lui, l'un des montants de la cangue, y attache le condamné, lui ramène sur le front sa longue chevelure qui flottait, et attend le signal.

Quand ce signal est donné par le Grand Justicier, le coupe-coupe décrit en l'air une courbe plus apprêtée que

savante et s'abat sourdement sur la nuque du supplicié ;
mais il y a loin entre le résultat obtenu ici et celui que
nous donne en France l'instrument de M. de Paris, car il
arrive fréquemment, comme aujourd'hui, du reste, pour un
ou deux des condamnés, que la tête ne tombe qu'au troisième ou au quatrième coup.

Une fois la décollation opérée, les familles des cinq
pirates vaquent aux soins de leur sépulture, et les cadavres
sont enterrés sous l'œil des soldats du Tong-Doc ; puis on
emporte les têtes dans un panier, et elles seront exposées
au bout d'une lance sur l'une des routes ou digues qu'ont
suivies les bandits pour pénétrer dans le village qu'ils
voulaient piller. Si leur lieu d'origine est connu, elles y
seront envoyées et exposées pour servir d'exemple à ceux
qui seraient tentés de les imiter.

Parisot, Mignot et moi, nous avons le temps, une fois
rentrés, de faire un pèlerinage dans tous les endroits de la
ville teints du sang de nos frères d'armes, quelques
jours seulement après l'affaire de Phu-sa, il y a dix-huit
mois.

Voici la citadelle construite par les ingénieurs français,
avec ses monuments publics, sa tour octogonale, ses pagodes, ses miradors, tout comme à Hanoï, mais dans des
dimensions moindres.

Lhu-Vinh-Phuoc lui-même, le grand chef des Pavillons-
Noirs, occupait la citadelle lorsque Courbet se présenta
avec ses vaillantes troupes ; nos soldats firent des merveilles et, sous un feu meurtrier, parvinrent, le 16 décembre
1883, à forcer les remparts et à occuper la citadelle et la
ville ; il n'y eut pas de quartier, paraît-il ; pendant six
heures, marsouins, turcos et autres pillèrent et massa-

crèrent, exaspérés qu'ils étaient par la vue des tortures qu'avaient fait endurer les barbares à nos blessés de Phu-sa et de Sontay même, presque sous les yeux et en signe de défi.

Naturellement, à un moment aussi critique pour ses pirates, Lhu-Vinh-Phuoc avait eu le soin de déguerpir.

Nous retraçons ces détails énumérés sommairement au chapitre précédent, parce que le souvenir des braves gens dont les os blanchissent déjà au milieu de ces champs que nous traversons, nous revient souvent à la mémoire, puis il ne faut pas oublier qu'ils sont tombés là pour la cause que nous défendons nous-mêmes.

CHAPITRE XI

Mais, avant d'aller plus loin, je dois au lecteur un mot sur les mœurs et coutumes des habitants du pays que nous explorons.

Le Tonkinois, comme l'Annamite son digne pendant, possède, en général, une physionomie peu agréable : il a les pommettes saillantes, le nez court et aplati, le teint d'un jaune huileux. Quelques femmes, cependant, ont les traits assez réguliers, mais à part les Chinoises que l'on rencontre souvent dans ce pays, à de très rares exceptions, je n'ai vu de belles Tonkinoises.

L'Annamite donc ou le Tonkinois, car nous le désignons indistinctement sous ces deux noms, présente un extérieur malpropre tout en apportant à ses vêtements une certaine coquetterie ; malpropre dis-je, parce qu'il ne rougit pas de se montrer en public avec des vêtements en loques ; coquet, parce qu'il n'a pas honte, un jour de fête, de recouvrir ses guenilles d'étoffes neuves et voyantes.

Une coutume plus répugnante existe encore ici : celle de rechercher sur la tête d'un congénère les innocents parasites qui s'y trouvent et de les savourer comme on le ferait d'un mets délicat; mais s'il arrive à quelque Chinois de s'oublier devant nous sous ce rapport, nous sommes intraitables, nous Français, et le talon de nos godillots délicatement appliqué au bas de son échine rappelle à ce Brillat-Savarin d'un nouveau genre que telles ne sont point nos mœurs en France.

Les hommes — je parle des hommes du peuple, — marchent nu-pieds, comme dans l'Annam, ont le buste recouvert d'un vêtement en forme de jaquette courte et droite sur le devant, et les jambes enveloppées d'un ample pantalon.

Les femmes, à quelque chose près, sont vêtues comme le sexe fort, sauf que leur jaquette descend plus bas sur le pantalon qu'elles portent aussi; les uns et les autres portent de longs cheveux ramassés en chignon et enroulés dans une bande d'étoffe. Les enfants, jusqu'à l'âge de dix ans ont la tête rasée, ils gardent seulement une petite mèche de cheveux sur le sommet du crâne.

Très superstitieux, le Tonkinois a de la vénération pour certains animaux, pour le tigre en particulier. Dans chaque village, à une époque déterminée de l'année, le Tong-Doc ou Maire porte dans les endroits fréquentés par le carnassier le repas de « Monsieur le tigre » — ainsi l'appelle-t-on — et ce repas consiste en un petit cochon rôti, du poulet et d'autres aliments, le tout destiné à apaiser la colère du « Monsieur » et à lui ôter tout mauvais dessein sur les habitants ou sur les bestiaux du voisinage.

Les anciens sujets du roi d'Annam mangent peu de

Pirate tonkinois marchant au supplice.

viande, les chaleurs torrides ne leur en permettent guère l'usage puisqu'elle ne se conserve pas.

En revanche les sauces sont très variées et très épicées ; « une des plus employées est le *nuoc-man* fait avec de l'eau de mer, des petits poissons écrasés et des épices. Le goût du peuple est peu délicat... Tout est comestible pour les Annamites, les chiens, les chats, les rats, les chauves-souris, les serpents, les vers à soie, les nids de l'hirondelle salangane » (1).

Le riche lui, se nourrit de poulets, de porc frais, boit quelquefois du vin et se paye le *choum-choum*, cet abominable alcool de riz qui brûle l'estomac.

L'indigène qui pose un peu parmi ses semblables ne manque jamais de porter, dans une poche de son vêtement, l'inséparable boîte à bétel ; c'est un produit fait de chaux et de noix d'areck qu'il mâche continuellement, ce qui lui fait jaunir les dents et ajoute encore à sa malpropreté.

Le Tonkinois, comme le Chinois et l'Annamite se livre à un usage immodéré de l'opium.

Cette passion est la plaie du pays, et l'opium est aux gens de l'Extrême-Orient ce que le *gin* est à l'Irlandais.

Le fumeur qui débute, loin de goûter du plaisir, éprouve au contraire une sensation désagréable ; il est en proie à de violentes nausées. Mais l'exemple fait loi sur ce chapitre ; notre homme attend patiemment, et, dans la persistance qu'il met à vouloir contracter cette funeste habitude, il espère toujours l'émotion et les jouissances que d'autres ont ressenties avant lui et qu'ils lui ont dépeintes sous un jour séduisant.

(1) Bouinais et Paulus. *La Cochinchine contemporaine*, p. 239.

Il est enfin rendu au terme qu'il souhaitait si ardemment, mais à quel prix, grand Dieu ! Le malheureux est parfois réduit à l'état de squelette : toutes les parties vitales de son être sont anémiées, le cerveau même est attaqué, car il n'a plus sa raison et, quand il sort de son sommeil léthargique, s'il quitte le monde des rêves où son âme s'est plongée dans des douceurs idéales, c'est pour rentrer brutalement dans le monde réel, le corps abattu et sans souffle et les facultés morales émoussées, quand elles ne sont pas complètement annihilées.

C'est ainsi que d'un homme parfois intelligent, l'opium fait un être souvent idiot et toujours abject.

Qu'on ne croie pas cette peinture exagérée, tout Européen qui a mis le pied dans une fumerie d'opium a pu se rendre compte de l'exactitude des faits que j'avance et qui se passent journellement au Tonkin ou dans l'Annam.

L'indigène ainsi lancé dépensera toute sa fortune et, au besoin, ne travaillera plus que pour satisfaire son déplorable penchant.

Le jeu l'entraîne également, et cette passion est répandue non seulement chez les adultes, mais encore chez les enfants.

Nos petits boys ou domestiques ne donnent jamais leur nom de famille pour deux motifs : c'est qu'ils sont joueurs ou voleurs.

Inconnus pour la plupart des officiers ou soldats qui les emploient, ils se trouvent, le cas échéant, à l'abri de toute plainte auprès de leurs parents ou des autorités locales.

Il y a au Tonkin et dans l'Annam, dans les grands centres principalement, tels qu'Hanoï, Haï-Phong ou Hué, des

maisons où l'on joue gros jeu et, pour cela comme
pour l'opium, l'Annamite bien souvent, se dépouille de
tout ce qu'il possède et donne ainsi libre cours à ses ins-
tincts.

Peu actif de son naturel, l'habitant du pays d'Annam ou
du Tonkin, quand il est stimulé par l'appât d'une rénumé-
ration raisonnable, travaille cependant assez consciencieusement. A la guerre, il se bat bien, et nos soldats de
Bac-Ninh et de Sontay ont pu voir qu'il ne craint pas la
mort et qu'il se montre courageux à l'occasion.

Son habitation se compose d'une paillotte à une seule
ouverture sans fenêtre comme sans cheminée, logement
qui sert à tous les êtres de la maison, bipèdes ou quadru-
pèdes, ce qui peut donner une idèe de l'atmosphère qui
règne dans cette arche de Noé.

Le mensonge, et surtout la rapacité, sont encore deux
vices dominants chez l'Annamite ; s'il suit nos colonnes
en paraissant nous guider ou combattre avec nous, c'est,
en réalité, pour piller les villages rebelles que nous sou-
mettons et s'approprier sans vergogne les objets que les
règlements militaires nous défendent expressément de toucher, même chez l'ennemi vaincu.

Tel est l'Annamite en général et le Tonkinois en particulier.

Mais, je reviens au bataillon du 2ᵉ Zouaves.

Le 25 mars 1885, nous repartons pour aller rejoindre le
1ᵉʳ Zouaves à Hong-Hoa. Les chasseurs d'Afrique et les
tirailleurs algériens avec Négrier s'y sont distingués le
12 mars 1884.

Aujourd'hui — il s'agit de la journée du 23 mars 1885 —
le 1ᵉʳ bataillon du 1ᵉʳ Zouaves est aux prises avec les sol-

dats de Lhu-Vinh-Phuoc, dans les environs de Than-Maï près du village de Bang-Huyen.

Les pirates y arrivent en bandes chassées de Lang-Son par Négrier, de Tuyen-Quen par Brière-de-l'Isle, pour se concentrer sur ce point. Nos camarades se battent avec acharnement toute la soirée du 23 et, la nuit venue, les lueurs de l'incendie qui dévore deux ou trois villages environnants, peuvent faire estimer à la garnison de Hong-Hoa, qui voit ce spectacle du haut de la citadelle, que l'action est engagée sur une assez vaste étendue.

Les zouaves ne manquent pas de bravoure et d'entrain, mais la nuit arrive et l'ennemi est devenu trop supérieur en nombre, ils sont forcés de regagner en bon ordre leurs cantonnements sur la rive gauche du Fleuve-Rouge après avoir, mais vainement, livré plusieurs assauts furieux à une pagode fortifié de Bang-Huyen et sous un feu des plus meurtriers. Quarante ou cinquante hommes, tant tués que blessés, sont mis hors de combat.

Nous touchons à Hong-Hoa, le 27.

En longeant les bords du fleuve, quelques-uns d'entre nous s'aperçoivent que quelque chose ressemblant de loin à un corps humain, descend le courant ; nous nous approchons, et c'est avec un profond sentiment d'horreur que nous reconnaissons dans cette épave le cadavre d'un malheureux soldat décapité ; il est bientôt suivi d'un second, puis d'un troisième tous affreusement mutilés.

Ce sont nos morts et nos blessés des derniers engagements qui sont tombés au pouvoir des Pavillons-Noirs, et ces lâches cannibales, pour nous épouvanter, sans doute, ne trouvent rien de mieux, après leur avoir tranché la tête, que de leur couper encore les extrémités des pieds et des mains, voire même de les éventrer pour nous les renvoyer ainsi, fixés sur de gros madriers de bambous, en forme de croix de Saint-André.

Cet épouvantable spectacle se renouvelle encore pendant quelques jours ; des cadavres arrivent encore, charriés par le flot boueux de la rivière ; des barques les recueillent, et, pieusement, nous leur donnons la sépulture en jurant de venger les martyrs (1) !

Les officiers prennent aussitôt leurs dispositions pour le combat. Le lendemain, arrive le lieutenant-colonel Calé, qui modifie complètement la tactique employée.

A cela, rien à dire, il a sans doute ses raisons.

Les postes sont changés de place, on les multiplie ; nous sommes là deux mille hommes, et la moitié va bientôt être sur pied pour garder le reste. Cela ne s'explique pas bien. Pour comble de bonheur, nous montons la garde avec tout le « *barda* » sur le dos, dans le but d'empêcher le troupier de s'endormir.

Nous nous réjouissons à la pensée que, décidément, nous allons bientôt essayer, pour la seconde fois, sur la peau cuivrée de nos pirates, l'effet produit par le petit kropatschek, encore tout flambant neuf ; mais il n'en est rien, et le 27, en descendant de garde, nous recevons l'ordre de partir pour Than-Huyen, les hommes qui étaient restés à Hanoï viennent nous rejoindre ici. Il est onze heures du matin, nous n'avons pas encore pris le café,

_____

(1) Ce fait, rapporté par le zouave Bomer, n'était malheureusement pas isolé, car M. de Lonlay, dans son ouvrage « Au Tonkin » en relate un du même genre, après le guet-apens de Bac-lé. Une canonnière barrant le Song-Thuong, recueillit jusqu'à trente cadavres décapités.

que nous voici de nouveau sur le chemin de Sontay. C'est le dimanche des Rameaux.

A huit kilomètres de Hong-Hoa, au confluent de la Rivière-Noire et du Fleuve-Rouge, nous rencontrons Quing-Lam. Après une halte d'une heure, une compagnie du 1er Zouaves qui nous avait suivis, nous quitte et prend la direction de Viet-tri, petit poste établi au confluent de la Rivière-Claire.

A Quing-Lam, il nous faut passer le fleuve : plusieurs camarades et moi, nous y sommes victimes d'un accident que je dois noter, puisqu'il coûta la vie à l'un des nôtres.

Nous n'avions, pour atteindre l'autre rive du Fleuve-Rouge que de mauvais petits paniers de bambous entrelacés et goudronnés, bons tout au plus à supporter le poids de deux hommes ; la traversée menaçait de traîner en longueur, quand, par hasard, un ancien légionnaire vint à passer avec une assez forte jonque chargée de victuailles qu'il allait vendre aux troupiers ; nous le hélons et le contraignons à nous prendre dans sa barque. Il fait bien quelques objections ; son embarcation est déjà bien chargée, le fleuve est profond, et nous allons courir des risques ; mais notre âge n'est point fait pour des observations de ce genre, et nous nous empilons, au nombre de dix, les uns juchant sur la toiture en paille de riz, les autres se faufilant au milieu de la marchandise.

Hélas ! nous ne devions pas rester longtemps dans le maudit bateau. Je ne sais quel mouvement de côté est imprimé soudain à l'embarcation par un camarade qui se trouve sur le toit, toujours est-il qu'elle chavire et que nous tombons tous à l'eau. Qu'on se figure le danger couru quand on saura que nous avions armes et bagages, sac au dos, et que plusieurs d'entre nous étaient encore surchargés d'une marmite.

J'eus la chance de conserver toute ma présence d'esprit ; je lâche donc mon fusil et me débarrasse comme je peux de mon sac ; la Providence amène à ma portée un fort madrier de bambou auquel je me cramponne.

Ne sachant point nager, je me débats comme un beau diable au milieu du Fleuve-Rouge, très large et très profond en cet endroit.

Mon sous-lieutenant, M. Schmutz, se dévoue pour moi, et, malgré les ordres du colonel qui a expressément défendu à quiconque, vu la rapidité du courant et les bas-fonds du fleuve, de se jeter à l'eau pour secourir ceux qui se noient, il essaie de venir à moi à la nage, traînant derrière lui, au moyen d'une amarre qu'il me jette, un panier qu'il est allé quérir sur la rive ; mais l'embarcation est trop frêle, je dois conserver mon bambou comme suprême chance de salut et me soutenir sur l'eau tant bien que mal, non sans en avaler quelques rasades de temps à autre : je me sens défaillir, mes forces m'abandonnent, je vais disparaître dans le gouffre, quand des matelots du *Brandon* qui se trouvent sur la berge, viennent dans une barque et peuvent me saisir au passage : il était temps, je me voyais entraîné avec une rapidité vertigineuse.

Lepissare, Aucère, Sudrot et moi, tels étaient les plus éprouvés. Sudrot disparut ; on ne retrouva même pas son cadavre. Il était Parisien. Le pauvre garçon avait à peine cinq mois de présence au corps ; il arrivait au régiment comme nous tous, l'espoir et le courage dans l'âme ; mais la Providence en avait décidé autrement ; c'était un brave cœur, un bon camarade, et si jamais ces lignes tombaient sous les yeux de sa mère éplorée, qu'elle sache du moins que son enfant avait l'estime de ses camarades et de ses chefs et qu'elle trouve, si toutefois la chose est possible, un peu de consolation dans le chagrin profond et les regrets unanimes que nous inspira sa mort prématurée ; c'était la première dans notre compagnie, depuis notre arrivée au Tonkin.

Lepissarre et Aucère purent se sauver eux-mêmes ; quant aux six autres, ils s'étaient maintenus à la barque ainsi que le mercanti et on était parvenu à les tirer de danger.

Nous nous sentions heureux d'avoir échappé — non que nous eussions peur de la mort, nous vivions tous les jours à côté d'elle — mais nous nous disions que c'eût été vraiment une ironie du sort, venir de si loin pour disparaître ainsi dans une vulgaire noyade, comme ce pauvre Sudrot. Mieux valait, selon nous, la balle d'un Pavillon-Noir : pour des troupiers c'était plus correct !

Une fois remis de nos émotions et la compagnie passée sur l'autre rive, le capitaine nous fait signe et nous distribue un bon verre de tafia ; il ne doute pas, le brave chef que, malgré le danger, quelques-uns ont usé de prévoyance et poussé le dévouement jusqu'à sauver du naufrage deux bons litres du précieux cordial, qui n'attendent qu'une chose, c'est qu'il ait tourné les talons pour que nous puissions les déguster, et raviver nos forces épuisées.

Un homme mort, huit sacs, de la batterie de cuisine, et huit fusils perdus, sans compter l'épicerie et presque tout le matériel du pauvre diable de mercanti qui subirent le même sort, tel est le bilan de la journée.

Ici l'auteur se substitue un instant au zouave Bomer pour ajouter quelques mots à propos de cet accident :
Je veux parler d'un trait de sang-froid et d'héroïque abnégation

qu'il faut laisser raconter à son lieutenant M. Schmutz, pour ne pas faire ombrage à la modestie du petit zouave ! « Qu'on me permette dit-il, en ce qui concerne Bomer, de citer les paroles si pleines d'abnégation et de discipline qu'il a prononcées au moment de sombrer, alors qu'il était encore sur la jonque qui coulait par un fond de 13 mètres. A l'instant où, à la nage, je portais une amarre à bord, Bomer, qui était cramponné au bordage avec sac au dos, 120 cartouches et son fusil : me dit : — *Mon lieutenant, dois-je lâcher mon sac et mon fusil ?* — On peut juger par ces quelques paroles si notre tâche a été rendue facile, lorsque des hommes qui sont sur le point de se noyer, ne jettent leurs armes que sur l'ordre d'un supérieur. » (1)

L'accident réparé tant bien que mal, le bataillon se rassemble, et nous marchons tant qu'il fait jour ; nous arrivons près du fort village de Quang-Oaï-Phu. Nous couchons à la belle étoile, au milieu d'un champ de riz et le lendemain, vers trois heures, nous reprenons encore une fois la direction de Sontay ; 30 mars 1885.

Quelques-uns disent que nous allons retourner en garnison, mais il n'en est rien et, à notre grand étonnement, on nous conduit sur les bords du fleuve. Défense expresse est faite de s'éloigner, car des canonnières sont attendues et doivent nous transporter à une destination encore inconnue.

Profitant de cet instant de répit, le lieutenant Schmutz rassemble les naufragés qu'il conduit à la citadelle ; là, nous retrouvons chacun un kropatschek, un sac et des vivres pour remplacer ceux que nous avons perdus dans le Song-Cau ; c'est à l'infirmerie que nous prenons ces objets ; ils appartiennent à des malades qui ne peuvent suivre.

M. Schmutz est un officier que nous estimons tous ; il sait

____

(1) Lettre de M. Schmutz à l'auteur, 30 octobre 1888.

ce qu'est le soldat, puisqu'il a porté la giberne avant nous. Sa bravoure, pendant l'expédition du Sud-Oranais, contre Bou-Améma, lui a valu les galons d'officier ; c'est un chef rempli de cœur et de dévouement pour ses hommes, et on vient de voir qu'il ne marchande pas sa vie pour eux. A la citadelle, il nous fait prendre quelques réconfortants et, dès que nos bidons sont remplis du vin ou du tafia qu'il nous a procurés, nous allons rejoindre la colonne.

De retour au camp, on nous dit que deux compagnies sont déjà parties ; nous embarquons bientôt nous-mêmes sur *le Henri-Rivière* et prenons la direction d'Hanoï. Nous y débarquons du côté du blockaus. Un blockaus, au Tonkin, est une sorte de grande maison carrée, le plus souvent à deux étages, faite de planches épaisses et fort bien assemblées. La partie supérieure fait ordinairement saillie, et les quatre faces sont percées de fentes en forme de meurtrières qui permettent de faire le coup de feu très facilement de l'intérieur. Un retranchement qui consiste en une forte palissade de bambous entrelacés, protège les alentours : c'est un genre de fortification très en honneur au Tonkin, parce qu'il est simple, peu coûteux et vite fait.

Le blockaus que nous avons sous les yeux, situé à 500 mètres du Fleuve-Rouge, fait face à Hanoï et commande la route de Bac-Ninh. C'est là que nous apprenons que la guerre avec la Chine est déclarée.

On fait halte au milieu d'une rizière ; nous avons le temps, dit-on, de confectionner une tasse de café ; l'un prépare le foyer, celui-ci cherche du bois, cet autre va à l'eau.

On savoure déjà d'avance le fumet de cette excellente

liqueur, quand un tirailleur algérien apporte un ordre émanant du quartier général, établi à la Concession. Il faut se remettre en marche, on donne du pied dans les marmites, chacun rajuste son sac, et en route!

Que de journées se sont passées ainsi! mais c'est l'habitude, on n'y fait pas attention. Six hommes seulement restent pour attendre et informer le capitaine Bernier qui est allé se renseigner à la place.

A Phu-tu-son, le lieutenant commande la halte et, plus heureux que tout à l'heure, nous pouvons enfin faire notre café, puis l'absorber tranquillement, en attendant notre capitaine qui ne tarde pas à nous rejoindre.

Il nous revient à huit heures du soir et nous annonce que nous repartirons à minuit.

On fait donc ses préparatifs : au lieu de se coucher, on procède aux apprêts d'un souper solide, chacun prévoyant bien que la nuit va se passer en une promenade par trop hygiénique.

Pendant que nous sommes assis en cercle et par escouade autour de nos gamelles, un aide-major de première classe et son ordonnance arrivent avec une petite escorte de cinq ou six tirailleurs annamites se rendant à Phu-Lang-Thuong.

L'ordonnance, un pauvre petit bleu de l'an dernier, sans doute, se plaint gros comme lui de n'avoir pu coucher dans un lit depuis douze jours ; quant à nous, depuis notre départ d'Oran, nous couchons à la belle étoile, mais ce jeune homme est tout récemment débarqué ; il arrive de France et ne connaît pas encore la misère ; cela viendra sans doute pour lui comme pour nous.

A minuit, nous nous dirigeons sur Bac-Ninh et Dap-Cau,

où nous arrivons au petit jour. Rien de plus pittoresque
que cette marche en colonne, à travers les plaines de riz
entrecoupées d'arroyos et de rivières ; parfois nous rencontrons quelques *cagnas* (1) isolées, perdues dans des
massifs de verdure.

La rosée qui perle sur les rizières nous rafraîchit le bas
des jambes et nous fait trouver encore plus délicieux les
parfums répandus par les bouquets de canneliers et les
herbes fortes qui poussent ici. On sait que le cannellier est
une espèce de laurier dont l'écorce odorante constitue
l'une des richesses commerciales du Tonkin.

La campagne est admirable ; elle n'est pas trop uni-
forme, et, par une nuit claire, sous ce ciel étoilé qui nous
permet de distinguer très facilement les objets qui nous
entourent, nous rencontrons, avec des arbres fruitiers
très cultivés, de jolis bois de bambous et d'aréquiers qui
poussent tout seuls et qu'il nous faut traverser par de mys-
térieux petits sentiers, tous à la file indienne.

Il est trois heures, les chants sont épuisés et les propos
joyeux aussi. Sous les blancs rayons de la lune qui
donnent à la crête des bois une teinte pâle et mélancolique
nous marchons, silencieux : c'est l'heure du recueillement ;
beaucoup pensent à la France et à ceux qu'ils ont laissés
là-bas ; c'est le seul moment, dans notre vie si mouvemen-
tée, où le cœur du soldat fait place au cœur du fils ; alors
une larme s'échappe ; c'est qu'on se rappelle les vieux
parents ; la place vide au foyer ; c'est qu'on évoque aussi,
peut-être, la blanche apparition d'une sœur ou d'une fian-
cée qui prient pour nous là-bas, en attendant le retour, et

(1) On appelle ainsi, au Tonkin, les demeures des habitants : paillottes et cagnas sont absolument la même chose.

cette pensée fait qu'on essaie instinctivement de répéter quelques prières de la jeunesse, puis, quand vient le crépuscule, alors que l'air devenu plus vif frappe de pauvres yeux rougis et gonflés par le manque de sommeil, on sort de ce rêve plus forts et plus courageux.

Cette marche matinale d'ailleurs est superbe et, si ce n'étaient les appréhensions d'un pays ennemi, le tableau qui se déroule ici paraîtrait magnifique et plein de poésie.

A Dap-Cau, nous renouvelons nos provisions de vivres, puis, nous nous embarquons sur des chalands conduits par des remorqueurs. On vient d'apprendre que Négrier, manquant d'hommes, de vivres et de munitions, est forcé de battre en retraite après le succès de Lang-Son.

Nous marchons donc à sa rencontre.

CHAPITRE XII

COUP D'ŒIL RÉTROSPECTIF SUR LA PRISE DE LANG-SON
ET SUR LE SIÈGE DE TUYEN-QUAN
RETRAITE DE LANG-SON. — RÉFLEXIONS SUR CE SUJET

On a vu, dans un chapitre précédent, qu'à peine entrés dans les mers de Chine, nous recevions la bonne nouvelle de la prise de Lang-Son.

Négrier avec le 111° et le 145° de ligne, quelques bataillons d'infanterie de marine, des tirailleurs algériens et de l'artillerie, avait accompli des prodiges de valeur; il marchait, marchait toujours en avant, et nul doute, qu'emporté par son courageux patriotisme, il n'eût forcé la porte de Chine pour s'avancer ensuite sur Pékin : c'était peut-être le seul moyen de terroriser les sujets du Fils du Ciel, les Pavillons-Noirs et autres bandits du même genre; il fallait un coup d'audace; le général le méditait; il l'accomplit, réussissant au-delà de tout espoir. Mais, pour conserver le terrain pris et goûter les fruits du succès, il comptait sans les lenteurs fâcheuses qui firent que le 1er et le 2e Zouaves, les autres renforts venus de la métropole le 1er mars 1885, les vivres et surtout les munitions n'arrivèrent point à la date fixée. Il était resté seul avec sa brigade, celle du commandant en chef étant allée débloquer Tuyen-Quan.

Pour un motif sur lequel nous n'avions pas à argumenter, nous autres soldats, et qu'imposait certainement la nécessité des événements, Brière-de-l'Isle, qui avait le commandement suprême au Tonkin, nous fit exécuter les reconnaissances et les marches en colonnes dont il a été question dans les pages précédentes; pendant ce temps-là, Négrier se morfondait dans les massifs de Lang-Son et se voyait forcé, manquant de tout, d'abandonner une conquête si chèrement achetée et de confier au lieutenant-colonel Herbinger, après sa blessure à Ki-Lua, le soin d'opérer ce qu'on a appelé la retraite de Lang-Son.

J'ai pensé qu'un coup d'œil rétrospectif sur les événements qui se sont succédé pendant ces trois derniers mois, dans la vallée du Loch-Nan et les montagnes de marbre, trouverait tout naturellement sa place ici. Les détails qui vont suivre nous ont été mille et mille fois répétés par les héros de cette glorieuse odyssée, lorsque nous les rencontrâmes, blessés avec leur chef, à Lam; les voici :

Après l'affaire de Noui-Bop, les 4 et 5 janvier 1885, dans laquelle Négrier avait su déloger de ses forts retranchements un ennemi toujours renaissant et donner une chasse en règle à plus de 10,000 Réguliers chinois ou Pavillons-Noirs, ses troupes s'en allèrent prendre leurs cantonnements dans l'immense vallée du Loch-Nan.

Cette rivière est très limpide, et son courant aussi fort, au moins, que celui du Song-Cau, se déploie entre deux rives assez encaissées et quelquefois très escarpées. Le bambou croît là tout à son aise; souvent ce sont des fouillis inextricables, et, au-dessus du cours d'eau, navigable pour nos remorqueurs seulement jusqu'à Traï-

Dam, on rencontre des dômes de verdure à travers la voûte desquels le soleil ne pénètre jamais.

Çà et là on aperçoit d'étroits sentiers qui indiquent que les habitants de quelque paillotte voisine viennent prendre de l'eau ou amarrer leurs chalands, mais quand le corps expéditionnaire passe, tout est désert, les Chinois ayant le soin d'emmener avec eux tous les habitants qui leur tombent sous la main, pour les occuper à construire des retranchements ou des fortins.

Sur les rives du Fleuve-Rouge, la plaine s'étend en d'immenses rizières coupées d'arroyos et de bras de rivières; il est vrai que, de temps en temps, de vastes forêts viennent rompre un peu le ton général, mais le plus souvent, on est à découvert; ici, c'est le contraire, ce ne sont que ravins profonds et, si l'on remonte un peu du côté de Dong-Son, on se heurte aux premières chaînes des montagnes de marbre, véritables massifs superposés les uns aux autres, ou cols étroits qui constituent d'affreux coupe-gorges connus de nos ennemis jusque dans leurs moindres parcours; aussi savent-ils en tirer grand profit. A Bac-Ninh, à Sontay, à Hanoï, nos troupes opéraient en connaissance des lieux; ici, au contraire, l'imprévu joue le plus grand rôle et il faut, malgré Brière de l'Isle qui commande en chef et dont la tactique militaire ne laisse rien à désirer, la sagacité, la clairvoyance et la promptitude de jugement d'un officier tel que Négrier pour atténuer, sinon pour prévenir complètement le dommage qui est causé à notre effectif par des bandes de réguliers chinois ou de Pavillons-Noirs aussi rusés que féroces.

La brigade une fois cantonnée dans la vallée du Loch-Nan et suivie de près par la colonne Giovanninelli, il s'agit pour Négrier de se diriger sur Lang-Son par la voie, sinon la plus directe du moins la plus favorable.

La grande route mandarine est bien séduisante puisqu'elle s'offre tout d'abord, mais, de reconnaissances opérées précédemment, il résulte qu'elle est, en maints endroits, hérissée de traquenards et de fondrières et que les Chinois qui nous attendent par là, y ont accumulé leurs plus formidables moyens de défense : ils excellent, en effet, dans la construction d'un camp retranché ou la structure d'ouvrages de terre, comme ceux, par exemple, que nous avons aperçus dans les environs de Hong-Hoa. Les bras ne leur manquent pas comme nous l'avons dit déjà, ils réquisitionnent les habitants des villages, mais leurs travaux, heureusement, se retournent la plupart du temps contre eux, et il arrive bien souvent que nos troupes les occupent quand ils sont à peine achevés.

Cette première voie n'est donc guère pratique, mais, comme elle semble toute naturelle, il faut que l'ennemi s'attende à nous y rencontrer.

Pour atteindre ce résultat, un mouvement de troupes dans les environs de Lang-Kep est nécessaire; on l'exécute et la ruse est bonne. Lang-Kep n'est qu'une bourgade ceinte d'une muraille de terre, à droite de la route de Lang-Son et à 20 kilomètres de Chu en ligne directe.

Outre les « cagnas » crasseuses des Annamites, on y voit plusieurs maisons en maçonnerie, sans étage et qui, autrefois, servaient de magasins ou de pagodes. Tout autour, jusques et au-delà de Bac-Lé, qui se trouve à six ou sept lieues plus loin, la campagne est riche et, dans le lointain, l'œil un peu exercé peut déjà découvrir les premières silhouettes des montagnes de marbre.

Il est bon de rappeler, à propos de Lang-Kep, que le 8 octobre 1884, le général de Négrier qui se trouvait à Phu-Lang, remontait le Song-Thuong et battait 6,000 Réguliers chinois, fortement retranchés tout autour de ce village.

Le combat, très meurtrier, dura de neuf heures du matin à deux heures du soir.

Non seulement le village était barricadé d'un enchevêtrement de palissades de bambous, mais les Chinois avaient, en outre, construit une sorte de réduit au centre du retranchement et là, 600 des leurs trouvèrent la mort en se défendant avec un acharnement sauvage.

Ces 6,000 Chinois, avec lesquels nos troupes venaient de se mesurer, faisaient partie de l'armée de 20,000 hommes dont 4,000 avaient été écrasés la surveille par la colonne Donnier à Lam. Dans cette journée de Lang-Kep, nous avions 21 morts dont le capitaine Planté du 111°, et 58 blessés dont 8 officiers. Les pertes ennemies ont été évaluées approximativement à 2,000 hommes hors de combat.

Pendant que les Célestes pensent nous rencontrer dans la direction de Bac-Lé ou de Pho-Quam, une habile manœuvre ramène vers le gros de la colonne, aux alentours de Chu, le bataillon qui est allé évoluer entre Kep et Bac-Lé.

Sur ces entrefaites, le commandant en chef arrive à Lam, le 19 janvier, et prend la direction des opérations.

Le 1ᵉʳ février, il pousse une reconnaissance jusqu'à l'entrée du col de Déou-Van : la vue est des plus imposantes ; les troupes ont devant elles des montagnes hérissées de forts qui se perdent dans les nuages et au pied, émergeant au-dessus d'une haie de bambous verts, le village de Cau-Nhat.

La 2ᵉ brigade, ce jour-là même, occupe le col et s'empare du village où nous trouvons des munitions et du riz.

C'est le 3 février que nous commençons la marche sur Lang-Son avec deux brigades fortes, l'une de 4,000 hommes avec le colonel Giovanninelli comme commandant, l'autre de 5,000 hommes avec le général de Négrier ; nos troupiers, le cœur toujours alerte malgré la fatigue d'une marche sur un terrain impossible, cheminent allègrement et, par le défilé de Déou-Van, atteignent bientôt la première lignes des forts qui défendent le camp retranché de Dong-Son.

L'approche n'en est pas facile : qu'on se figure un terrain plan formant triangle dont un arroyo large et profond sert de base, dont deux versants de montagnes rocheuses, presque deux murailles, tant elles se dressent à pic, forment les côtés ; pour y arriver par le sommet, un col étroit, et on aura une idée de cette sorte d'entonnoir que cinquante forts, en outre, rendent plus inexpugnable encore. Décidément, si les Chinois savaient mettre à profit toutes les ressources de la science moderne, ils seraient nos maîtres en fait de fortifications.

Des rochers sur des rochers, des gorges profondes, des bouquets de bois, palétuviers, bambous et autres, couvrent le flanc des montagnes et s'y cramponnent en vertu de je ne sais quel miracle ; ils servent avant tout à faciliter admirablement cette guerre d'embuscades recherchée par nos ennemis ; des ruisseaux, enfin, et des torrents que nous avons bien de la peine à franchir malgré le talent et le courage de nos officiers et de nos soldats du génie, se rencontrent à chaque instant, et c'est, en quelques lignes, le tableau qui se répète entre Than-Moï et Dong-Son, sur

Une citadelle au Tonkin. — Haï-Dzuong.

les rives du Song-Thuong et qui sera celui que nous aurons en remontant plus loin vers Lang-Son, sur les bords
du Song-Ki-Kong.

L'artillerie bombarde alors le camp de Dong-Son, et nous
y entrons le vendredi matin, 6 février. Résultats de la
journée: chez nous 200 hommes hors de combat, chez les
Chinois, 1300 tués ou blessés. Nous avons, dans les deux
journées précédentes, enlevé les deux fortes positions de
Tay-Hoa et de Hao-Ha.

Le 11 février, combat de Pho-Vanvi, en avant de Lang-
Son: le 111° y est fort éprouvé, mais il s'y distingue et
enlève à la baïonnette le plus élevé des mamelons qui
dominent Vanvi et Pho-Vanvi.

Le 12, échauffourée très meurtrière à Bao-Viaï, nous y
comptons 200 hommes hors de combat.

Enfin, le 13 février 1885, la citadelle et la ville de
Lang-Son, après des efforts répétés, tombent en notre pouvoir.

Aucun fossé n'entoure la citadelle dont les murs en
briques sont protégés dans leur couronnement par une
forte palissade de bambous.

Quelques cagnas infectes qui témoignent encore de la
malpropreté proverbiale de l'Annamite, un mirador, les
indispensables pagodes, voilà ce que nous trouvons dans
la citadelle, sans compter les vivres, les munitions et
quelques canons.

Nos soldats vainqueurs poursuivent leur marche et ne
comptent plus le succès. On s'empare, à un kilomètre au
nord de Lang-Son de la citadelle et du village de Ki-Lua,
quand soudain, au milieu de ce triomphe si complet, mais
aussi, il faut le dire, si chèrement acheté, on apprend que

la petite garnison de Tuyen-Quan est assiégée par Luh-Vinh-Phuoc qui, outre les Réguliers chinois, a concentré, sur les bords de la Rivière Claire, une armée de plus de 10,000 pirates. Brière de l'Isle décide immédiatement que la première brigade va quitter Lang-Son. Effectivement, elle reprend en toute hâte avec le colonel Giovaninnelli, le chemin du Delta pour Tuyen-Quan. On se fera une idée du courage et de l'entrain que durent déployer nos malheureux soldats, déjà si éprouvés par les fatigues de ces deux derniers mois, quand on saura qu'ils étaient, le 17, à Phu-Thuong-Khan, le 18 à Bac-Lé, le 19 à Lang-Man, le 20 à Phu-Lang-Thuong, le 21 à Phu-tu-son, et le 22 à Hanoï. En six jours ils avaient parcouru 200 kilomètres sac au dos.

J'ajoute qu'on avait pris, dans la garnison d'Hanoï, tout l'effectif disponible pour en constituer une sorte d'avant-garde chargée de balayer la route et d'essayer au besoin de rassurer les assiégés en leur faisant connaître, au moyen de fusées tricolores, qu'on allait les débloquer.

Il y avait déjà près de trois mois que la petite garnison, pouvant effectuer quelques sorties, sous les ordres du vaillant chef de bataillon Dominé, tenait les Chinois en respect. Mais Luh-Vinh-Phuoc pensant que le gros du corps expéditionnaire était principalement porté vers Lang-Son, accumulait sans cesse ses bandes autour du village, si bien qu'un jour vint où nos braves soldats durent se résigner à souffrir toutes les rigueurs d'un siège en règle. Pendant le dernier mois donc, au nombre de 300 seulement, il leur fallut refouler les assauts furieux et essuyer les coups de mine des Pavillons-Noirs. La place, fortifiée par les Chinois, n'était défendue que par de mauvais remparts. On construisit une seconde ligne contre laquelle l'ennemi vinl, à différentes reprises, se heurter inutilement. Enfin, Brière de l'Isle arrive le 3 mars avec sa brigade, nos frères d'armes sont délivrés et méritent d'être signalés à l'admiration de la France, par le mémorable ordre du jour suivant, porté par le général en chef à la connaissance de l'armée :

« Officiers, sous officiers, soldats et marins de la garnison de Tuyen-Quan.

« Sous le commandement d'un chef héroïque, le chef de bataillon Dominé, vous avez tenu tête, pendant trente-six jours, au nombre de six cents, à une armée dans une bicoque dominée de toutes parts. Vous avez repoussé victorieusement sept assauts.

« Un tiers de votre effectif et presque tous vos officiers ont été brûlés par les mines ou frappés par les balles et les obus chinois, mais les cadavres de l'ennemi jonchent encore les trois brèches qu'il a vainement faites au corps de place.

« Aujourd'hui, vous faites l'admiration des braves troupes qui vous ont dégagés au prix de fatigues et de sang versé. Demain vous serez acclamés par la France entière.

« Vous tous aussi, vous pourrez dire avec orgueil : j'étais de la garnison de Tuyen-Quan, j'étais sur la canonnière *la Mitrailleuse.* »

« Au quartier général, à Tuyen-Quan, le 3 mars 1885.

Brière de l'Isle.

Ce document bref et concis vaut à lui seul cent pages d'histoire ! Qu'on ne s'étonne donc pas si j'accorde au siège de Tuyen-Quan une place dans ces notes ; le fait en lui-même est intimement lié à l'affaire de Lang-Son, comme on vient d'en juger par ce qui précède, et puis, le vaillant officier qui tint tête, pendant ces trente-six jours, à un ennemi vingt-cinq fois supérieur en nombre, n'était-il pas, en 1870, un officier de mon régiment. L'honneur du beau fait d'armes accompli par Dominé intéresse donc la grande famille du 2ᵉ Zouaves qui l'a compté parmi ses membres.

Mais revenons à Lang-Son.

Secondé par le lieutenant-colonel Herbinger, Négrier, livré à lui-même, parvient jusqu'à Dong-Dang, village situé près du Song-Ki-Kong, dans une position très avantageuse pour l'ennemi, à cause des massifs montagneux qui l'entourent.

Il coupe l'armée chinoise en deux tronçons après s'être emparé de Dong-Dang. Herbinger s'avance le premier dans une direction parallèle à la route de Chine, et Négrier poursuit l'autre à peu près dans le même sens. Enfin les Chinois sont acculés à Cua-Aï, porte frontière du Kouang-Si, province qui dépend du Céleste Empire. L'infanterie marche par échelons, derrière l'artillerie qui lui fraic le chemin. De Dong-Dang à la porte de Chine, ce n'est plus qu'un sentier rocailleux ; il faut escalader et bien souvent prendre d'assaut un nombre respectable de mamelons avant d'arriver à l'étroit et abrupt escalier qui aboutit à une grande porte de chêne à deux battants défendue par deux forts.

On fait sauter la susdite porte et, avant de partir, le général, en guise de leçon aux Célestes, fait graver sur un poteau qui la remplace, une phrase ainsi conçue :

« Le respect des traités vaut mieux que les portes aux frontières ! »

Cette succession de victoires brillantes était bien faite, sans contredit, pour soutenir et encourager le moral des vaillantes troupes qui les remportaient. Vint un jour cependant où l'on s'aperçut que les vivres n'arrivaient plus que

très irrégulièrement ; on sentait bien que quelque rouage
devait manquer dans le service des convois ; il y avait,
dans l'organisation de l'intendance, et cela depuis le
16 février, un malaise dont on ne se rendait pas compte ;
aussi Négrier commençait-il à s'inquiéter : on lui avait
promis du renfort ; c'étaient le 1er et le 2e Zouaves qu'il
attendait, et nous n'arrivions point pour aider à la conso-
lidation de conquêtes si chèrement achetées.

Un seul parti restait au général : battre en retraite.

Effectivement, nous évacuons Dong-Dang, le 25 mars, et
nous voici de nouveau aux portes de Lang-Son à Ki-Lua.
Une bataille sanglante s'engage à cet endroit contre plus de
vingt mille Chinois ; nos obus les déciment et douze cents
cadavres jonchent le terrain ; mais cette journée, malgré
notre victoire, est désastreuse pour nous ; Négrier est
blessé d'une balle en pleine poitrine (1) ; le commandement passe dans les mains du lieutenant-colonel Herbinger,
et le général, affaibli par le sang qu'il a perdu, se dirige
avec le convoi des blessés, sur Chu et Hanoï.

La démoralisation est complète ; on sent que celui qui,
jusqu'ici, était le nerf de la victoire et qui savait donner du
courage et de l'entrain dans les circonstances les plus cri-
tiques n'est plus là. Herbinger, le soir de l'affaire de Ki-
Lua, constate que ses hommes n'ont plus que dix-huit ou
vingt cartouches à tirer : c'est inouï ; malgré cela, les
Célestes sont dans une déroute complète, grâce surtout à
notre artillerie qui cependant ne peut plus, elle aussi,

(1) Ce fut un de mes compatriotes de Loir-et-Cher, Jules Savoire,
volontaire au 9e escadron du train des équipages qui eut, l'un des
premiers, l'honneur de recevoir dans ses bras le glorieux général
blessé.

donner qu'à de rares intervalles, toujours faute de munitions.

Désolé et ne sachant plus à quel saint se vouer, le lieutenant-colonel réunit les officiers en conseil de guerre et l'on décide que Lang-Son sera évacué.

Il y avait trois jours que le payeur avait touché 600,000 francs ; on les jette dans le Song-Ki-Kong, c'est le nom du fleuve qui arrose Lang-Son ; plusieurs pièces de canon suivent le même sort après avoir été enclouées. Une circonstance plus heureuse nous permettra peut-être de retrouver tout cela plus tard.

Le tafia, les vivres, les soldats se les partagent ; c'est une lamentable débâcle, et je m'abstiens de la juger ; d'autres, plus autorisés que moi, en ont assez dit à ce sujet. Herbinger, à mon sens, était dans une assez triste position lorsque Négrier lui passa le commandement ; le Conseil d'enquête, du reste, a prononcé sur son cas.

Mais, quel malheur pour nos armes que les munitions aient ainsi manqué ! Les Chinois, croyant à une ruse de guerre, n'osaient nous attaquer ; nous avions tous les atouts au moment où nous abandonnions la partie, et je n'en veux pour preuve que le fait des Chinois qui réapparurent à Lang-Son, trois jours seulement après notre évacuation.

Than-Moï, Dong-Son, le camp des Tigres dont il sera question dans le chapitre suivant, sont abandonnés de la même façon, et le 30 mars 1885, Herbinger arrive à Chu avec sa troupe décimée. Il est aussitôt remplacé dans son commandement par le colonel Borgnis-Desbordes.

Avant de terminer ce chapitre, une réflexion me vient à propos de la retraite de Lang-Son. Quelques-uns, en

France, ont prétendu que Brière-de-l'Isle n'aurait pas dû
partir avec une brigade et laisser Négrier seul avec l'autre :
je n'ai qu'un mot à dire à cela : Si nos vaillants frères
d'armes, au nombre de six cent cinq, n'avaient pas été là-
bas, dans cette vallée de la Rivière Claire, à Tuyen-Quan,
aux prises avec plus de dix mille Chinois, les tenant en
respect du 23 novembre 1884 au 3 mars 1885, jour de
leur délivrance ; s'ils n'avaient pas, succombant sous le
nombre, couru les risques d'être exterminés jusqu'au dernier — trois cents hommes seulement étaient encore
debout le 3 mars — s'ils n'avaient, pas de plus, essuyé l'horreur de sept explosions de mines chinoises et repoussé par
sept fois différentes les assauts d'un ennemi d'autant plus
acharné qu'il se croyait déjà assuré du succès final, oui,
Brière-de-l'Isle eût pu rester peut-être avec Négrier sur la
frontière du Kouang-Si.

Mais, Brière-de-l'Isle, commandant en chef du corps
expéditionnaire, n'avait pas à répondre que de Lang-Son ;
Tuyen-Quan l'intéressait bien aussi, et Dominé, et Bobillot,
et tant d'autres braves, obscurs et inconnus, qui tenaient
haut et ferme le drapeau de la France sur la citadelle de
Tuyen-Quan, absolument comme leurs camarades l'avaient
tenu sur la Porte de Chine avec Négrier, ces héros-là,
dis-je, valaient bien la peine qu'on s'occupât d'eux.

Laissons donc la critique et contentons-nous de dire
que chacun, dans ces grandes et terribles circonstances,
fit plus qu'il ne pouvait : tel est mon humble avis ; car j'ai
vu les choses de près, et j'ai entendu parler les vainqueurs
de Lang-Son comme les héros de Tuyen-Quan !

A cette phase de la retraite de Lang-Son, le 2ᵉ Zouaves
reparaît, et je reprends la continuation de mon journal.

CHAPITRE XIII

Le 1er avril 1885, après une navigation assez fatigante tant sur le Fleuve-Rouge que sur le Loch-Nan, au moyen de chalands remorqués dans lesquels nous sommes entassés comme des harengs en caque, nous débarquons à Lam. Partis de Dap-Cau à sept heures et demie du matin, il est sept heures du soir lorsque nous atteignons Lam. Disons en passant que, le 6 octobre dernier, la colonne Donnier écrasait autour de cette ville un nombre de 4,000 Chinois.

Dans cette ville, nous rencontrons le général de Négrier qui descend avec un convoi de blessés sur Dap-Cau et Haï-Phong. C'est un homme de taille moyenne ayant une physionomie régulière et pleine d'énergie, mais, aujourd'hui, il est pâle, et la souffrance morale plutôt que la souffrance physique se lit sur ses traits amaigris. En nous voyant, le cher général ne peut retenir cette exclamation: « — Vous voilà donc enfin, mes zouaves, vous êtes en retard de trois jours, mais allez et, dans un mois, je serai à votre tête!

Hélas! pourquoi ce maudit retard, nous qui, depuis Hong-Hoa marchions nuit et jour et ne cessions, depuis notre arrivée au Tonkin, de passer et repasser dans les mêmes lieux, nous fatiguant inutilement à parcourir des provinces soumises.

Quel déplorable malentendu fit donc qu'aussitôt débarqués à Haï-Phong, on ne nous dirigea pas immédiatement sur Lang-Son à la rencontre du général qui nous avait fait venir — Nous savions pertinemment que c'était Négrier qui nous demandait au Tonkin?

Enfin nous voici sur la route de Lang-Son : jusqu'ici le petit Kropatscheck, à part l'escarmouche du mont Bavi, lors de notre premier séjour à Sontay, est pour ainsi dire resté muet ; nous n'avons pas encore eu beaucoup l'occasion de le faire parler, mais cela viendra.

Il s'agit désormais pour nous de reprendre, les unes après les autres, toutes les positions qu'a été obligée 'dévacuer la brigade Négrier. Le lieutenant-colonel Calé, sous les ordres directs de qui nous sommes, organise en conséquence un service de convois et de coolies.

Je dirai un mot ici de ces sortes de serviteurs presque enrégimentés et d'une incontestable utilité pour une armée en campagne.

Les coolies, qu'il ne faut pas confondre avec les boys dont je parlerai également, sont des hommes que nous fournissent les mandarins et les notables des villages soumis : ils portent les vivres, les munitions et les bagages des colonnes en marche, conduisent les mulets dans un pays qu'ils connaissent toujours mieux que nous et font, sous notre surveillance immédiate, le ravitaillement des postes lorsque nous ne pouvons y procéder nous-mêmes par voie fluviale. Nous les occupons aussi dans nos citadelles à nettoyer les abords du cantonnement, à faire ce qu'on appelle en France, dans les casernes, la corvée de quartier, à réparer les cagnas, etc.; ils sont nourris et payés par l'Administration.

Comme ils sont généralement nombreux, il y a parmi eux des gradés qui les commandent et auxquels ils sont tenus d'obéir.

Ils mentiraient à leur origine, si, comme tout bon Annamite, ils n'étaient pas un peu voleurs et rapaces; aussi sous ce rapport nous devons les surveiller de près. Ils nous sont cependant habituellement assez fidèles et dévoués.

Quant aux boys, ce sont de petits domestiques de huit à dix ans qui se louent à une escouade, voire même à un seul homme : c'est une sorte d'ordonnance que le simple soldat peut s'octroyer moyennant 1 franc ou 1 fr. 50 par prêt; nous les employons à faire la cuisine, à laver le linge, et ils sont presque toujours assez intelligents pour s'acquitter de ces fonctions à leur honneur et à notre satisfaction : ils nous sont également dévoués et nous rendent beaucoup de services surtout en ce qui concerne l'achat des vivres ou des menues denrées alimentaires qu'ils savent mieux apprécier et achètent à meilleur marché que nous.

Lorsque nous sommes en marche, ils nous suivent, n'emportant avec eux que quelques effets de rechange; ils se mêlent aux coolies et marchent derrière la colonne, préservés ainsi des pirates par l'arrière-garde.

Au Tonkin, nous avions des boys qui ne nous ont jamais quittés et qui, lors de notre départ pour le Cambodge, nous ont conduits jusqu'à Haï-Phong, bien décidés à suivre notre fortune si le commandant du bord les avait laissés faire.

Pendant la convalescence du général de Négrier, le lieutenant-colonel Calé nous fait exécuter des marches et des
reconnaissances; le 3 avril, nous escortons un convoi de
munitions jusqu'à Nui-Bop, distant de 15 kilomètres de Chu
occupé par la 2e compagnie du bataillon d'Afrique; nous
ne faisons qu'aller et venir; il n'en est pas moins vrai que
nous tirons ces 30 kilomètres avec deux cafés dans l'estomac le sac au dos, ce qui est un peu maigre. De retour
à Chu, le bataillon se rassemble, et le 5, nous allons camper à Bin-Noï sur un terrain absolument marécageux;
avant nous, un bataillon de tirailleurs algériens y a été
décimé par la fièvre; il faut cependant que nous y res-
tions vingt jours avec le commandant Mignot. Ces vingt
jours ne sont pas perdus : le matin, nous marchons, le
soir nous construisons des cagnas pour nous abriter un
peu contre les rayons d'un soleil meurtrier. Quinze jours
durant, cette vie est la nôtre jusqu'à ce que le colonel
Borgnis-Desbordes, dans une de ses visites, ayant fait
demander le commandant, cet état de choses cesse enfin;
cinq jours après, sur les ordres de Négrier, nous évacuons
ce camp, mais non sans que quelques-uns d'entre nous
y aient contracté le germe de plusieurs maladies.

J'ignore la modification qui a pu survenir dans le service des vivres, toujours est-il que nos santés sont com-
promises par une nourriture peu substantielle, un travail
opiniâtre, une chaleur accablante et une eau impure.

Le 8 avril, la compagnie va conduire une pièce de montagne au col occupé par le bataillon d'Afrique.

On disperse ensuite le bataillon qui va occuper différents postes aux alentours de Chu. C'est ainsi que M. Faure
quitte Bin-Noï, le 11 avril, pour aller chercher à Chu trois

pièces de 80 de montagne que servent douze artilleurs. Le lendemain, sa section va raser un fortin chinois : en abattant les talus, les hommes découvrent une caisse de cartouches à balle pour fusil Mauser.

Le village de Chu est situé sur la rive droite du Loch-Nan et relié avec Traï-Dam par un petit chemin de fer système Decauville; point de locomotives naturellement; les quatre pieds d'un bœuf en tiennent lieu, et cette miniature de voie ferrée nous est d'un grand secours pour le transport de nos divers approvisionnements.

Chu est le point de départ de tous les convois de vivres et de munitions pour la direction de Lang-Son, et il y a là un va-et-vient de troupes qui, depuis cinq ou six mois constitue l'importance relative de cette position.

Afin de prévenir un peu les ennuis d'un long séjour, nos troupes, dans les six derniers mois qui viennent de s'écouler ont été occupées à la construction de cagnas bien alignées et proprettes. Du fort de Chu part une rue qui conduit aux quais de débarquement; les boulangeries sont installées à droite de cette rue, et les magasins d'approvisionnement à gauche derrière les quais.

De l'autre côté de la rivière, un blockhaus occupé par la légion étrangère, un peu plus loin, un marché annamite.

A l'est et à l'ouest, une plaine magnifique, très riche en culture de riz, et tout autour des montagnes et toujours des montagnes. Voilà Chu.

Le 15 avril, c'est avec la plus grande joie que nous apprenons que les Chinois ayant attaqué la place de Kep qui défend l'entrée du Delta sur la route mandarine, ont été repoussés avec pertes. Nous avons perdu un sous-officier tué.

Le 16, nous allons avec le sous-lieutenant Schmutz en reconnaissance pour rechercher sur l'arroyo qui est au nord du camp de Bin-Noï, deux gués pour le passage de l'artillerie.

Le 18, le commandant Mignot part en mission du côté du col de Deo-Quan. Ce jour-là, nous apprenons le départ de France du général de Courcy, qui doit venir au Tonkin avec deux divisions. Cela nous met du courage au cœur.

Le 19, nous sommes encore à Bin-Noï.

Le 24, nous allons à Lang-Kep (4ᵉ section), pour escorter une demi-batterie de 80 de montagne.

Le 30, un peloton de la 1ʳᵉ compagnie va occuper Pho-Moï qu'on appelle aussi Pho-Quam, tandis que mon escouade avec un capitaine du génie, un lieutenant et dix hommes de cette arme, plus une centaine de coolies, s'avancent en détachement sur la route de Lang-Son. Les coolies sont chargés, sous la direction des hommes du génie, du gros œuvre de la réfection des ponts.

Nous voici à Tong-Son.

La vie nous paraît assez douce au cours de ce petit détachement ; nous avons un capitaine excellent, assez dur pour le service, mais bon pour le soldat ; de temps à autre, il nous procure l'occasion de manger quelques bonnes fritures qui rompent un peu la monotone uniformité de l'ordinaire, mais le capitaine possède une manière ingénieuse pour se procurer la friture, la voici : Quelques hommes le suivent au bord du cours d'eau choisi, après s'être préalablement munis d'un certain nombre de cartouches de dynamite ; on les lance après y avoir mis le feu ; l'explosion a lieu, l'eau bouillonne, s'enlève de la plus belle manière et, lorsque le calme est rétabli à la surface, nous n'avons plus qu'à nous baisser pour recueillir au passage le poisson mort ou étourdi par la commotion qui s'est produite ; le procédé est assez original et réussit toujours.

C'est ainsi que nous passons les instants de liberté que nous donne le service. La nuit, nous avons deux heures de garde en sentinelle isolée, à trois cents mètres du camp.

Elles ne sont pas agréables du tout, ces deux heures, car nous ne sommes plus qu'à quelques kilomètres du camp des Tigres, et, toutes les nuits, la sentinelle placée sur un mamelon, entend le cri sauvage de ce voisin incommode ; nous aimerions mieux le chapeau-parapluie d'un Pavillon-Noir que les deux yeux du tigre qui étincellent à quelques mètres de nous, lorsque nous sommes en faction là-haut.

Un soir que mon tour était venu d'aller relever un camarade nommé Charlotin, je fus surpris de ne point le voir descendre au-devant de moi jusqu'à mi-côte, comme cela avait lieu d'ordinaire. Étonné, je continue ma route et j'arrive jusqu'au sommet du mamelon qui domine une plaine bornée par une montagne à pic. J'appelle plusieurs fois de suite sans recevoir aucune réponse, et je commence déjà à être inquiet, car je sais que le Chinois se fait un plaisir d'enlever la nuit les sentinelles isolées. Parvenu sur le sommet, j'aperçois alors mon Charlotin dans la position du tireur à genoux, la crosse du fusil à terre, afin de pouvoir se parer avec la baïonnette, dans le cas où le tigre s'élancerait sur lui ; je m'explique aussitôt la situation, car j'aperçois en effet, à une vingtaine de mètres, les yeux de l'animal qui brillent et semblent nous considérer attentivement.

Je garnis promptement le magasin de mon fusil, Charlotin me cède la place en s'esquivant avec un soupir de soulagement.

Il faut avouer que ce n'est pas sans une certaine frayeur que je reste là pendant vingt minutes encore qui me paraissent un siècle en face d'un quadrupède que ma présence semble vivement intéresser. Il fait enfin demi-tour, et je me garde bien de l'en dissuader, car j'ai su depuis qu'il ne s'était jamais approché si près des sentinelles.

Il regagne donc tranquillement la montagne, pendant que je n'entends plus qu'un cri rauque qu'il pousse à de rares intervalles et qui se répercute dans la vallée comme un long miaulement.

Je rejoignis le camp après deux heures et demie de faction, moins irrité, toutefois, après le tigre qu'après le caporal de service qui, en ronflant tranquillement dans sa cagna, avait oublié de me faire relever.

A quelques jours de là, le capitaine du génie, qui est toujours jovial, convie quelques-uns d'entre nous à une chasse au tigre : je fais partie de l'expédition, mais on va voir que le brave capitaine a encore une spécialité pour ce genre de chasse.

Nous partons vers la fin du jour, six zouaves et quelques hommes du génie ; nous allons nous poster près d'une petite rivière non loin de l'endroit où la bête a l'habitude de venir faire ses rondes de nuit. De hautes herbes nous dérobent à sa vue ; un homme se met à l'eau et passe de l'autre côté avec un caniche, à la queue duquel est attachée une ficelle que le camarade ramène à nous en venant nous rejoindre.

Jusque-là, le capitaine s'est tenu coi sur sa manière de procéder, mais nous comprenons maintenant sa tactique, assez ingénieuse, du reste, car elle consiste à tirer par intervalles la ficelle, qui fait aboyer le malheureux chien, qui n'en peut mais, et qui doit servir de pâture au terrible félin.

Le silence le plus absolu est nécessairement recommandé; une heure, deux heures se passent, et le capitaine, vieux farceur, trouvant que le gibier se fait attendre, entame la conversation, à voix basse d'abord, puis nous raconte des anecdotes à faire revivre un mort; mais il a eu le soin d'apporter un litre de tafia, nous en buvons quelques rasades, et, la liqueur aidant, la conversation devient plus animée en même temps que plus bruyante. Après quatre ou cinq heures d'attente, le capitaine voyant que le tigre se fait trop désirer fait ramener le pauvre toutou, qui s'en tirera cette fois-ci avec la peur seulement, puis nous redescendons au camp, nous promettant bien qu'une autre fois nous serons moins bavards et plus heureux.

Quelques jours après cette fameuse expédition, une sentinelle annamite que nous avions postée sur le mamelon dont j'ai parlé plus haut, fut aperçue soudain, semblant nous faire des signes et des appels désespérés; nous pensons que l'ennemi est proche, et nous nous empressons de courir aux armes.

Le capitaine nous ordonne d'aller au secours de l'Annamite en nous recommandant de ne pas tirer si les gens sont sans armes. C'était une fausse alerte: au lieu du veston bleu des Pavillons-Noirs, nous apercevons cinq ou six biches qui allaient se désaltérer à la rivière; pour mettre à profit notre course, nous en poursuivons une, que nous capturons enfin et qui ne figurera point mal dans l'ordinaire du camp.

Nous restons encore quelques jours à Tong-Son, puis nous repartons un peu en avant pour nous installer au camp des Tigres qu'occupe actuellement un détachement du bataillon d'Afrique.

CHAPITRE XIV

Au camp des Tigres nous arrivons le soir et nous y restons jusqu'au lendemain seulement : c'est un véritable entonnoir, on y étouffe, et l'horizon tout autour de nous est fermé par une suite ininterrompue de montagnes énormes : la végétation malgré le soleil est vigoureuse quand même, dans ces parages et, jusque sur les pointes les plus abruptes on voit pousser des buissons et des bouquets d'arbustes qui, comme le lierre à la muraille, semblent se cramponner aux flancs arides de ces roches.

Çà et là, l'œil distingue une vingtaine de forts chinois, aujourd'hui tous abandonnés et qui, vers la fin de 1884, défendaient les abords de la route mandarine jusqu'à Lang-Son.

Puisque ce nom de Lang-Son revient au bout de ma plume et que nous sommes encore peu éloignés de la fameuse citadelle, je dirai qu'au moment où je transcris ces lignes — septembre 1888 — les feuilles publiques annoncent la capture dans une cagna au village de Na-Khuat, tout

près de Lang-Son, du Caï-Kinh, redoutable chef de rebelles
dont nous avions entendu beaucoup parler en Indo-Chine.
Ce hardi coquin, qui tenait le haut de la montagne et prati-
quait le pillage sur une grande échelle, avait su imposer
son prestige aux pirates des provinces de Bac-Ninh, de
Tha-Nguyen et de Lang-Son.

C'est à la tête de ces bandits organisés par lui qu'il faisait la guerre en son nom personnel, rasant, incendiant et
au besoin massacrant tout sur son passage.

Il se faisait, moyennant finances, bien entendu, le pour-
voyeur de l'armée chinoise à laquelle il vendait le produit
de ses rapines. Il poussait l'audace du crime à ce point
qu'un jour il ne craignit pas de venir incendier le village de
Dong-Nhan à quelques kilomètres seulement de Phu Lang-
Thuong, où deux compagnies de tirailleurs algériens avec
des soldats du bataillon d'Afrique tenaient garnison. C'était
le 18 septembre 1884 ; le capitaine Mercier qui comman-
dait la garnison fit à cet écumeur de terre les honneurs d'un
combat en règle, et sa troupe, prise dans une souricière
qu'on lui avait tendue à Dong-Nhan même, laissa sur le
carreau une cinquantaine de ses hommes.

Dans ces temps derniers, abandonné par ses partisans et
blessé au pied, il se disposait à passer la frontière de Chine,
lorsque le Thuan-Phu de Na-Khuat s'empara de sa personne
et le livra à M. Una, notre résident actuel à Loug-Son. Le
coupe-coupe a fait son œuvre, et le brigand s'en est allé,
paraît-il, rendre ses comptes à Boudha.

Tous les postes jusqu'à Dong-Son étant occupés, la
route par le col de Déo-Quan rendue praticable, et les
ponts mis en état de service grâce à l'activité de nos soldats du génie et à la bonne volonté des coolies, notre

mission est terminée, et le détachement revient sur ses pas, reprenant la route de Pho-Moï.

Au moment de notre départ pour Pho-Moï, toutes nos anciennes positions sont reconquises sans coup férir, sauf la région de Lang-Son dans laquelle nous n'osons pénétrer, car des milliers de cadavres en putréfaction sont restés sur le sol depuis les derniers engagements ; on redoute la peste, et le service de santé trouve que le climat lui-même du Tonkin est assez malsain pour que nous n'allions pas inutilement contracter le germe d'autres maladies.

Notre ligne d'occupation s'arrête donc à Lang-Son ; ce poste est désormais facile à ravitailler et, depuis une huitaine de jours déjà, on y concentre des vivres et des munitions en masse en vue d'une attaque de ce côté.

Lorsque nous quittons ces lieux, voici comment se répartissent nos postes de Dong-Son à Chu : à Dong-Son, au camp des Tigres, à Tong-Son, des détachements de soldats du bataillon d'Afrique; à Pho-Moï, un peloton de la première compagnie du 2e Zouaves, capitaine Bernier et sous-lieutenant Schmutz; au col de Déo-Quan, un peloton encore de notre régiment pris dans la 4e compagnie, capitaine de Percy.

Nous voici revenus à Pho-Moï où nous retrouvons la compagnie. Notre installation y est confortable : le poste, placé à moitié chemin de Lang-Son à Chu est très agréablement situé : nous y avons l'eau potable et le bois à volonté. Une petite redoute en terre qui commande la route et une partie du défilé nous sert de cantonnement. Pho-Moï ou Pho-Quam, du reste, n'est qu'une position militaire très secondaire, car, à deux kilomètres seulement, elle est dominée par de hauts massifs montagneux.

Quelques jours plus tard, le 6 mai, le capitaine Bernier et le sous-lieutenant Grossetti, de la 4e compagnie, partent en mission pour aller reconnaître le cours du Fleuve-Rouge. Ils reviennent le 8 et repartent le 9 pour une nouvelle absence de quatre jours. Quant à nous, nous restons ici avec M. Schmutz ; c'est alors que les maladies qui ont commencé à nous atteindre à Bin-Noï semblent vouloir redoubler d'intensité ; notre petite troupe est décimée, et beaucoup de camarades meurent en route pendant les reconnaissances que nous effectuons ou reviennent au poste sur des brancards.

Il faut ajouter que la chaleur est tellement suffocante que les Annamites eux-mêmes tombent malades ; c'est à ce point que, le 30 avril dernier, le sous-lieutenant Schmutz venant de Bin-Noï ici, abandonne deux caisses de bagages, sauf à les aller reprendre après, pour que les coolies puissent prendre les sacs des zouaves malades ; sans cette précaution, il eût perdu deux de ses hommes.

Nous n'avons de médicaments, pas la moindre drogue pour réagir contre la fièvre qui nous mine.

Un homme par chaque escouade est désigné pour soigner ses camarades et, il arrive bien souvent qu'il aurait besoin aussi d'être soigné lui-même ; le thé est la seule tisane possible, pour le bon motif, c'est que nous n'avons que du thé ; quant aux vivres, quant à la boisson, voici ce que nous avons : par jour et par homme, un biscuit de campagne, de la viande de conserve, un peu de café et quelques centilitres de tafia : le pain et la viande fraîche nous sont choses inconnues depuis quinze jours, aussi tombons-nous de fatigue, et il faut que le climat de l'Afrique ait aguerri nos estomacs, pour que nous puissions résister à ce régime ; ajoutons au surplus que pendant les trente et un mois de séjour que la plupart de nous avons fait au Tonkin, cette petite campagne de reconnaissance sur la route de Lang-Son nous a paru, sans contredit, la plus pénible.

Nos officiers voient le mal et, tout en le déplorant, sont impuissants à le conjurer.

L'anecdote suivante prouvera, du reste, qu'ils souffrent également de la situation :

Une après-midi, quelques camarades et moi nous apercevons, dans une promenade à une demi-heure du poste, un pauvre bœuf étique qui ne se tient plus sur les jambes.

L'attraper et l'amener à notre campement est chose exécutée aussi promptement que résolue.

L'officier présent nous approuve, nous sommes dans une telle misère, et il y a si longtemps, après tout, que nous avons pu humer l'odeur pleine de promesses d'un bon pot-au-feu qu'on peut bien nous passer cet innocent larcin ; je dis larcin, parce que le bœuf appartient à l'Administration.

Le ruminant, mis en lieu sûr pour la nuit est abattu, exploité, et en marmite dès le lendemain au petit jour et, comme nous nous doutons qu'il sera réclamé, nous avons la sage précaution d'en enfouir la peau et les autres débris.

Ce jour-là est jour de fête au poste, et le repas que nous faisons est pour nous tous, pour les malades surtout, une véritable bonne fortune.

Aussi nous jurons de ne point venir à résipiscence et de nous procurer, à la première occasion favorable, une seconde mais plus grasse bête, car il y en a de belles à l'Administration, qui emploie ces animaux à traîner des chariots de munitions ou de vivres depuis Chu jusqu'à Dong-Son ; Pho-Moï étant un relai, il y en a un certain nombre qui paissent tout près de nous.

Pour cette seconde expédition, il s'agit d'opérer sans donner l'éveil à l'officier de marine chargé de l'Administration ; les bœufs sont tous parqués dans un terrain clos que surveille un factionnaire. Nous lui faisons le mot ; c'est un pauvre diable dont l'estomac crie également famine, et qui ne demandera pas mieux que de prendre, lui aussi, sa part du gâteau : deux gaillards décidés se rendent, la nuit aux abords du champ, prennent le bœuf, pour lequel on opère absolument de la même façon que pour son congénère : deuxième festin, auquel prennent part, sans vergogne aucune, officiers, sous-officiers et soldats.

Le lendemain, arrive enfin pour nous l'inévitable quart d'heure de Rabelais : l'officier de marine, qui a compté ses bœufs, s'aperçoit qu'il en manque un ; il interroge les sentinelles, mais, naturellement personne n'a rien vu, personne n'a rien entendu ; flairant alors les coupables de notre côté, il arrive au poste très mécontent : mêmes questions, mêmes réponses ! Il s'imagine, malheureusement pour nous, de découvrir une de nos marmites, et le pot-aux-roses, j'allais dire le pot-au-feu, est au grand jour ; mais les coupables quels sont-ils ? Nous sommes nombreux et le problème est difficile à résoudre ; il va trouver les officiers et leur demande une enquête, hélas ! il est accueilli par une fin de non-recevoir appuyée de ces paroles significatives : « Nous ne pouvons ni ne voulons punir des hommes qui sont malades et qui manquent de tout ! » Le brave « Mar-

L'amiral Courbet.

souin » fait demi-tour et s'en retourne en maugréant, jurant, sans doute, mais un peu tard, qu'il gardera mieux ses bêtes. Nous restaurons ensuite nos forces alanguies avec les plus appétissants quartiers du malheureux bœuf « administratif ». Telle est l'histoire vraie : c'est aussi la preuve convaincante des souffrances que nous avons endurées pendant notre retour vers Chu.

Je relate cette histoire, non pour récriminer, mais pour qu'on ne se figure pas, en France, que les services de l'Administration sont chose facile à exécuter dans un pays couvert de montagnes et parsemé de rivières qui courent dans tous les sens ; le fait y est matériellement impossible.

Quelques jours après cette aventure, le capitaine Bernier est de retour, et nous quittons Pho-Moï pour prendre, cette fois-ci, le chemin de Chu ; le bataillon d'Afrique doit nous relever.

Laissant sur notre gauche le village de Lang-Man, nous faisons halte, le 19 mai, au col de Déo-Quan. Je dois dire, avant de le quitter que, malgré les améliorations apportées, cette gorge affreuse offre des difficultés de passage toutes particulières.

Nous repartons le lendemain à quatre heures et demie du matin, sans aucun regret, car ce pays est malsain, nous nous heurtons çà et là à des cadavres auxquels on n'a pu donner la sépulture. Le 20 mai, nous sommes à Chu. Toute la brigade du général de Négrier, encore commandée par le général Borgnis-Desbordes, se concentre aux environs de ce poste et de Bin-Noï : on parle de la paix ; un armistice a déjà été conclu à Paris, paraît-il, le 14 avril dernier, et les Chinois, malgré la retraite de Lang-Son qui aurait pu les rendre plus arrogants, nous font des offres de conciliation et pourquoi? Tout simplement parce que l'amiral Courbet, pendant ces derniers mois, n'est pas resté inactif et qu'il a su mettre la main sur Formose et les îles Pescadores. Notre escadre, *le Bayard* en tête, portant le pavillon de l'amiral, après avoir détruit les navires chinois à Sheepoo, après avoir bombardé Makung, la capitale des Pescadores, vient couronner dignement la campagne du Tonkin. Le Gouvernement de Pékin comprend désormais qu'il lui faut venir à composition, car, pour peu que nos marins continuent leurs exploits, tout le nord de la Chine est exposé à être affamé, nos vaisseaux empêchant le débarquement du riz dans les ports et sur les côtes du Pé-tchi-li. Mais, hélas! c'est au cours de ces magnifiques succès que la France perd l'un de ses plus braves défenseurs, car l'amiral succombe. en effet, le 10 juin, des suites d'une maladie contractée dans ces pays lointains. Il meurt sans avoir la consolation de connaître la signature du traité de paix conclu à Tien-Tsin, en Chine, la veille de sa mort, entre M. Patenôtre pour la France et Li-Hong-Chang pour la Chine.

L'Empire du Milieu exécute, cette fois-ci, très consciencieusement toutes les clauses du traité intervenu. Le Tonkin et l'Annam ne relèveront plus désormais que de nos armes ; on délimite du côté de la Chine les frontières du Tonkin qui nous est principalement cédé en toute propriété.

L'Annam reste un royaume soumis à notre protectorat : des ports et des débouchés sont ouverts à notre commerce en Chine, enfin les troupes impériales doivent évacuer promptement tous les pays qu'elles occupent encore au Tonkin.

En effet, quatre mandarins se sont embarqués à Haï-Phong pour Hanoï, et là, après s'être entendus avec le commandant en chef, ils se dirigent dans la région de Tuyen-Quan pour délibérer avec les généraux du Yun-Nam et les inviter à cesser les hostilités.

Le Tonkin, que le sang des nôtres a déjà tant de fois arrosé, est donc officiellement à nous !

Négrier, en récompense de sa conduite dans l'affaire de Lang-Son, reçoit les trois étoiles ; on réorganise le corps expéditionnaire dont on fait deux divisions, l'une sous le commandement de Brière de l'Isle, l'autre sous celui de Négrier, pendant que le général de Courcy, débarqué avec 9,000 hommes de renfort dans les premiers jours de juin, prend en main la direction des affaires.

Avant de terminer ce chapitre, je dirai un mot de l'amiral Courbet, qui fut presque à lui seul l'âme de cette fameuse campagne du Tonkin : Né le 26 juin 1827, à Abbeville, il sut conquérir, jeune encore, ses premiers grades. A vingt ans, l'*Annuaire de la Marine* le compte comme lieutenant de vaisseau; à trente-neuf ans, comme capitaine de frégate. En 1873, il est nommé capitaine de vaisseau, et c'est à cinquante-trois ans, en 1880, que nous le voyons, contre-amiral. Quelle carrière fut mieux remplie que la sienne ?

Il était de haute taille, d'un extérieur comme aussi d'un caractère froids, d'un esprit très méthodique, d'un courage à toute épreuve, d'une bravoure maîtresse d'elle-même ; l'opération la plus sérieuse, la situation la plus critique, ne produisaient pas sur lui cette surexcitation, ou plutôt cette griserie nerveuse qu'on remarque chez quelques-uns ; le danger, il le voyait venir, impassible ;

une complication imprévue, il l'envisageait froidement sans qu'aucun muscle ne vînt trahir la moindre émotion sur son visage d'une maigreur ascétique ; c'est justement à ces qualités réunies qu'il dut en majeure partie le succès de ses plus belles manœuvres.

La France tout entière a pleuré ce grand mort ; les partis politiques les plus opposés se sont spontanément donné rendez-vous sur son cercueil, pour rendre en chœur un hommage suprême à cet homme qui fut, par-dessus tout, un brave soldat, et qui sut nous donner à tous, officiers et soldats du Tonkin, l'exemple du dévouement et du devoir accompli jusqu'à l'abnégation la plus absolue, puisque ce fut sur son vaisseau même, *le Bayard*, qu'il rendit le dernier soupir.

CHAPITRE XV

Nous arrivons à Chu; nous allons enfin toucher du pain et des vivres frais. Aussi, chacun se dispose-t-il à faire honneur au premier repas que nous allons prendre.

Un camarade de la 1re compagnie, le sergent Mignot, un pays des côtes du Cher, vient me chercher, nous allons diner ensemble et de bon cœur; il y a longtemps que nous ne nous sommes point vus, aussi nous nous réjouissons de pouvoir causer des parents et des amis. J'ai reçu quelques nouvelles de France, lui aussi : nous faisons un échange de nos missives, après quoi nous entrons chez le premier mercanti venu.

Qu'on ne se figure pas que nous ayons ici des restaurants installés à la française, non, notre luxe ne va pas encore jusque-là, mais la volaille n'est pas chère, et Mignot, dont je suis l'hôte, a commandé un fort beau canard au râble bien dodu; nous voici en train de vouloir lui rendre tous les honneurs que réclame le parfum délicieux qu'il exhale.

Mais quel n'est pas mon désappointement quand je m'aperçois soudain que mon estomac, trop fatigué sans doute, devient rebelle et ne peut supporter la nourriture, en général, et le pain, en particulier.

Il y a, en effet, plusieurs mois que je n'ai vu de ce bon pain frais, et je me dis qu'il ne faudra y revenir que progressivement.

En sortant de là, nous allons faire la sieste sous un arbre; mais nous jouons de malheur, car Mignot se sent pris d'un violent tremblement : il se demande ce que peut bien être ce malaise, et je lui explique, par expérience, qu'il a un accès de fièvre paludéenne : je le conduis à son cantonnement, il se couche, et je lui dis de revenir me voir dans la soirée s'il en a la force.

Il revient en effet et, comme j'ai pu me procurer du vin et du tafia, je lui en administre une bonne dose : il s'en retourne, non sans trébucher quelque peu, et, le lendemain, je le retrouve sur les jambes mieux portant que jamais : mon remède a produit son effet, et Mignot me félicite de mes procédés curatifs.

J'ai omis de dire, dans le chapitre précédent, que, le 20 mai 1885, le général de Négrier passa notre bataillon en revue : il fit retirer les trois quarts de nos effets ainsi que les vivres de réserve qui, en somme, nous surchargeaient inutilement, car nous ne pouvions, disait-il, marcher avec un tel fardeau.

Cette mesure excellente fut peut-être prise un peu tard, car il est bon de dire qu'à cette époque, sur mille hommes que nous étions, deux mois auparavant, six cents à peine étaient sur pied. Le reste était mort ou dans les hôpitaux.

La revue passée, nous nous préparons à partir pour

Hanoï; les malades qui ne peuvent suivre sont embarqués sur des jonques pour faire la route par eau; au bout de quatre jours de marche, nous sommes à Dap-Cau le 26 juin 1885; nous avons couché le 21 mai à Tam-Ra, le 22 à Quang-Lam. Le 24, nous repartons de Quang-Lam à quatre heures; la marche est bonne, et nous arrivons à Phu-Lang-Thuong à huit heures; là nous traversons le Song-Thuong sur un bac.

Dimanche 24 juin, nous quittons Phu-Lang-Thuong dès l'aube et, après une marche meilleure encore que la précédente parce que le temps est très couvert, nous arrivons à Dap-Cau vers neuf heures du matin. Mais nous perdons en route deux camarades dont l'un d'insolation.

A Phu-Lang-Thuong, la fièvre me prend et j'ai, pour arriver jusqu'à Dap-Cau, toutes les peines du monde à me traîner. Le sergent-major Baruzzi (1) qui conduit les coolies a pitié de mon état, il me donne son bâton, fait porter mon sac par un coolie et, grâce à lui, j'arrive quand même jusqu'à l'étape.

A Dap-Cau, nous trouvons 279 hommes de renfort sous les ordres du lieutenant Roux : ils viennent remplacer les absents, et j'ai dit plus haut qu'il y a déjà de nombreux vides dans nos rangs.

Je rencontre là quelques camarades qui me donnent des nouvelles récentes de France; je leur parle de ces maudites fièvres qui m'ont mis dans une pitoyable situation; et je pleure de dépit parce que c'est la première fois que je me suis vu obligé de lâcher armes et bagages.

Un petit groupe de camarades et moi nous restons en détresse à Ti-Cao, pendant que le bataillon continue sa

(1) Sous-lieutenant au 2ᵉ Zouaves, depuis le mois de septembre 1885.

marche et arrive à Hanoï le 27 mai 1885; nous allons l'y rejoindre après un repos de six jours.

Le 11 juin, nous apprenons dans cette ville que la paix est signée. Le 15, nous enterrons le zouave François; le 16, c'est le tour d'un autre camarade, le zouave Nantua : ce jour-là nous assistons à un service funèbre pour le repos de l'âme de l'amiral Courbet. Le 18, un zouave de notre compagnie, porté sur les contrôles comme décédé, nous revient plein de santé : il y a eu erreur de la part de l'officier comptable; c'est le zouave Couillard, un compatriote de Cour-Chéverny, qui est mort pour lui. Une fois sorti de l'hôpital, le ressuscité avait eu comme successeur de lit l'infortuné Couillard ; à l'arrivée de ce dernier on avait omis d'enlever l'étiquette du prédécesseur; de là l'erreur commise. Les deuils se succèdent parmi nous, car, le 24 juin, nous conduisons à sa dernière demeure le caporal Collomp, mort d'une angine. Dans la soirée de ce même jour, le 3ᵉ Zouaves reçoit l'ordre de se tenir prêt à partir pour Hué avec le général de Courcy. Le 27, il s'embarque à la Douane. Le 29, le chef de bataillon Mercier nous passe en revue : il remplace le commandant Mignot, qui a été promu lieutenant-colonel le 29 mai dernier.

Le 30, grande affluence d'officiers et de soldats de toutes armes aux funérailles de M. Patin, officier au 3ᵉ Tirailleurs algériens. Les généraux Brière-de-l'Isle et Négrier y assistent. Ce dernier retrace en termes émus la carrière du brillant officier qui a assisté à toutes les grandes journées de l'expédition du Tonkin, depuis Sontay jusqu'à ce jour, et qui est venu mourir dans un hôpital des suites d'une maladie dont il a contracté les germes pendant ses rudes campagnes.

Nous demeurons à Hanoï jusqu'au 12 juillet ; c'est le 7 de ce mois que nous apprenons les événements qui viennent de se passer à Hué, et qu'on a désignés, à juste titre sous le nom de « guet-apens de Hué ».

On a vu précédemment que, le 1er juin 1885, le général de Courcy, nommé commandant en chef de l'expédition du Tonkin en remplacement du général Brière-de-l'Isle, pour rehausser sa mission aux yeux des Annamites, grands amateurs de mise en scène et de cérémonies pompeuses, avait résolu d'aller lui-même faire reconnaître ses pouvoirs à la cour de Hué, et de s'y rendre avec une escorte imposante, qui, tout en donnant plus de solennité à sa démarche, servirait, le cas échéant, à déjouer les complots que pourraient tramer contre sa sûreté la mauvaise foi trop connue des mandarins et des lettrés.

Le général agissait en homme de précaution. Il emmène donc avec lui un bataillon du 3e Zouaves, deux compagnies du 11e Chasseurs, et deux d'infanterie de marine. Mon bataillon avait d'abord été désigné, mais il y eut contre-ordre au dernier moment.

Il fut reçu dans la capitale de l'Annam avec toutes les protestations de l'amitié et de la déférence dues au représentant d'une grande nation.

Le chef du parti militaire, Thuyet, et le premier régent Nguyen-van-Thuong, se montrèrent envers lui d'une obséquieuse amabilité et, pendant quelques jours, tout sembla faire croire au général que, décidément, la paix serait durable, lorsque, dans la nuit du 4 au 5 juillet, des coups de canon, tirés sur l'Hôtel de la Légation où se trouvait le général, une vive fusillade accompagnée d'incendies dans les quartiers de la citadelle où étaient cantonnés nos soldats, à cette heure endormis, vinrent donner une nouvelle preuve de la loyauté de nos adversaires.

Thuyet, notre plus perfide ennemi, tentait donc un suprême effort, et ce lâche attentat était principalement son œuvre.

Le général de Courcy, pressé dans la Légation par un ennemi invisible, aurait peut-être succombé avec les cent hommes qui composaient la garde de l'Hôtel, sans le secours immédiat des troupes qui, revenues de leur surprise, attaquaient très vigoureusement. Vers la pointe du jour, la citadelle tomba en notre pouvoir, et le palais de l'empereur fut mis à sac: on y trouva plusieurs millions.

Nos pertes furent estimées ainsi : un officier tué, trois autres grièvement blessés et cinquante hommes hors de combat. Les Annamites, eux, laissèrent sur le terrain douze ou quinze cents hommes.

Quant à Thuyet, il s'était enfui dans les montagnes voisines avec le jeune empereur Ung-Lich, ou Nam-Ghi, et toute la bande des mandarins ses partisans.

L'autre ministre, Nguyen-Nan-Thong, qui était resté pour faire croire à son innocence, fut reconnu coupable et déporté dans l'île de Taïti.

C'est à la suite de ce grave événement que, quelques mois plus tard et sous notre influence, un fils adoptif de Tu-Duc fut couronné empereur sous le nom de Dong-Khan (1).

Parmi les mandarins et hauts dignitaires de l'ancienne

(1) L'ex-empereur Nam-Ghi a été pris par nos troupes, en novembre 1888, et il vient d'être interné — janvier 1889 — dans la ville d'Alger. C'est un jeune homme de vingt-cinq ans, imberbe et d'aspect doux, très peu flatté aujourd'hui, sans doute, du rôle que lui a fait jouer son ministre Thuyet.

cour de Hué qui ont toujours usé de leur influence auprès des Annamites en faveur de la France, et qui sont restés nos fidèles auxiliaires après le guet-apens organisé par Thuyet, il est bon de citer Nguyen-Huu-Dô, qui s'intitule « Première Colonne de l'empire d'Annam, Grand Lettré, Grand Ambassadeur permanent au Tonkin, et duc de Vinh-Luoc ».

Ce fut lui qui adressa à M. Parreau, l'un de nos résidents généraux en Annam et au Tonkin, la copie d'un chant national composé par des mandarins et des hommes du peuple. Cet échantillon de poésie tonkinoise ne manque pas d'imagination : il est empreint d'une simplicité naïve et touchante, et j'en donne, à titre de curiosité, une traduction assez fidèle.

« Puissant pays de France, tu produis des hommes intelligents.
« Le génie de la guerre est ta première force.
« A degré supérieur tu possèdes l'art de gouverner les peuples.
« A notre faible pays, tombé dans la décadence, tu donnes ton
« puissant appui en le sauvant d'une ruine fatale.
« Vers l'Europe, nos yeux tous les jours se tournaient.
« Grand Résident général, nous attendions avec impatience ton
« retour.
« A peine descendu sur notre territoire, tu t'occupes de ce qui
« peut nous rendre heureux.
« Tu nous donnes de bons conseils.
« Les plaines abandonnées, les terrains incultes, par ta voix
« puissante, vont être couverts de récoltes.
« Travailler au bonheur de notre pays, c'est ton unique pensée.
« Aux malheureux égarés tu dis : Retournez dans vos familles
« et cultivez vos champs.
« Aux pauvres tu procures les moyens d'existence, aux malades
« les remèdes et les soins.
« Tes bienfaits sont semblables à ceux que produisent la pluie
« ou le printemps.
« Partout on renaît et respire.

« Tu es l'ami du peuple d'Annam, Grand Résident général, nous
« te rendons hommage !

» Par les moyens dont tu disposes, conserve-nous la paix et la
« sécurité.

« Tu respectes les vertus, tu aimes l'honnêteté. Nous honorons
ton noble cœur, et nous rendons grâces à ton grand Gouvernement.

« A côté de notre Génie (Kin-Luoc) nous te rendons notre culte.

« Et nous souhaitons pour toi une longue et heureuse vie. »

Nguyen-Huu-Dô, en récompense des loyaux services qu'il
a rendus à la cause de la civilisation, a été fait chevalier de
la Légion d'honneur, et tong-doc, ou gouverneur d'Hanoï.

Cependant, le 2ᵉ Zouaves était toujours à Hanoï.

Le 12 juillet, je reprends pour la quatrième fois la route
de Dap-Cau ; nous partons deux hommes et un sergent
pour accompagner un convoi jusqu'à Bac-Ninh ; nous
sommes chargés de diriger deux cents coolies, et ce n'est
pas une mince besogne que d'avoir l'œil sur tous ces gail-
lards-là dont nous ne comprenons pas l'affreux langage.

Ce convoi se compose de munitions et de fusils à taba-
tière et autres, que nous distribuons aux habitants des
villages soumis, afin de leur permettre de se défendre eux-
mêmes contre les agressions des pirates.

De retour à Hanoï, nous en repartons le 1ᵉʳ août pour
aller occuper le poste de Phu-Quoc-Haï.

Nous sommes au nombre de 40 hommes, sous les ordres
du sergent Ribeil.

On ne croirait même pas que la paix soit soignée, car
les pirates — ces maudits Pavillons-Noirs — nous
donnent encore du fil à retordre, il nous faut exécuter
après eux de véritables courses au clocher.

En deux jours, nous atteignons notre but. Le 2, nous

faisons halte à 4 kilomètres environ de Phu-Quoc-Haï ; le sergent qui nous commande choisit deux hommes par escouade, et la consigne est d'aller se procurer des vivres aux alentours. Tous ces villages sont soumis ; aussi, quand les habitants s'aperçoivent que nous faisons, sans crier gare, une rafle complète de poules, de canards, de petits cochons, ils viennent exposer leurs doléances au mandarin de Phu-Quoc-Haï.

Ce dernier nous aborde avec quelques gens de sa suite et, lorsqu'il descend de son palanquin, nous rions d'avance avec éclats, car il va faire sans doute ces singeries habituelles, qui consistent à se courber jusqu'à terre en joignant les mains, et en faisant mille autres grands salamalecs impossibles à décrire ; ces gens-là ont l'épine dorsale très flexible, quand ils sont devant nous ; il n'en est pas ainsi pour mon indigène, qui nous tend la main de la façon la plus correcte et s'exprime dans un français que ne renieraient pas certains d'entre nous. Cet homme paraît bien élevé ; aussi nous l'écoutons attentivement lorsqu'il nous dit de ne point piller dans ces villages qui ont fait leur soumission.

Il pousse l'urbanité jusqu'à nous inviter à l'aller voir chez lui.

Le sergent Ribeil accepte après réflexion, et nous le suivons.

Au bout d'une heure de marche, nous atteignons une pagode dans laquelle sont déjà préparées des nattes pour nous coucher.

Le mandarin fait battre du tam-tam et réunit ses paysans ; je ne sais quel discours il leur tient ; toujours est-il que chacun va de son côté, et qu'ils ne tardent pas à reparaître tous, apportant les uns de la volaille, les autres des cochons et des fruits, que nous distribue notre hôte aimable.

C'est une véritable fête dans tout le village. Le mandarin dîne avec nous et n'oublie pas la liqueur favorite des gens riches du pays, cette affreuse eau-de-vie de riz, appelée « choum-choum », qui nous brûle l'estomac à nous autres Français, et que tout bourgeois annamite qui se respecte un peu doit absorber comme un lait de poule.

Le lendemain 3 août, nous repartons, à son grand regret, et il vient nous conduire jusqu'à Laï-Ru.

La réception qu'on nous y fait n'est rien moins qu'enthousiaste, car, dès qu'on nous y aperçoit, toutes les portes du village se ferment devant nous.

Nous sommes obligés de forcer l'entrée, et le mandarin de Phu-Quoc-Haï, pénétrant le premier avec quelques-uns de ses hommes, fait venir son collègue qu'il réprimande sur sa manière d'agir.

Il le somme de nous ouvrir ses pagodes, autrement, nous les prendrons par la force et pillerons le village.

Nous n'en venons pas, heureusement, à cette extrémité, et, grâce aux pourparlers de notre compagnon, ici encore les poules, les canards, les bananes et les ananas nous arrivent soudain comme par enchantement; après quelques heures de repos, nous continuons notre marche et arrivons le 7, vers deux heures du soir, à Phu-Quoc-Haï qui n'est autre chose qu'une petite citadelle d'environ deux cents mètres carrés; on y trouve de fort jolies pagodes et son rocher très curieux au pied duquel s'enfonce une grotte profonde. Un gigantesque Bouddha trône là sur un autel, et produit, au fond de cette grotte, un effet très ori-

ginal dont nous jouissons en passant. C'est, d'ailleurs, tout
ce que nous remarquons de curieux dans cette vaste plaine
où les villages se touchent.

Le 2 septembre au soir, après avoir repris la direction
d'Hanoï, nous nous retrouvons à Phu-Quoc-Haï où nous
couchons. Nous y renouvelons connaissance avec notre
brave mandarin, installé dans un joli fort qu'occupaient
les Pavillons-Jaunes quelques mois auparavant. Là, nous
prenons nos cantonnements pour la nuit, et le soir, après
dîner, notre hôte, qui vient faire la sieste avec nous, raconte qu'il a servi aux tirailleurs tonkinois et qu'il en est
revenu avec les galons de sergent. Retiré chez son père,
il a demandé à notre Résident à Hanoï des armes et des
munitions, puis, ayant recruté des jeunes gens, il les a
dressés au maniement du fusil, de sorte que, maintenant,
tout en se gardant lui-même, il peut protéger les habitants
des villages voisins contre les bandes rebelles qui, de
temps en temps, se montrent encore pour piller.

Le 5 septembre, nous sommes de retour à Hanoï ; pendant notre absence, le reste du bataillon n'est pas resté
inactif. Ainsi, le 9 août, les camarades s'embarquent sur *le
Moulun* et prennent, avec le commandant Lasale, la direction du canal des Bambous. Ils s'installent ce jour-là dans
un village insoumis, non loin de Cang-None, et sont attaqués à midi par une assez forte bande de pirates qu'ils
repoussent après leur avoir pris un pavillon ; de notre côté,
un tirailleur tonkinois est blessé. Le 10, départ des Bambous à quatre heures et demie pour arriver devant Cang-
None ; on arrête une partie des habitants tout en faisant
une rafle complète de cochons, poules et canards. A midi,
150 pirates viennent poindre à l'horizon, et sont aussitôt

mis en fuite par nos « Linh (1) ». Le 12, la colonne va razzier le village de Ouane-Nhone pour retourner ensuite au canal des Bambous. Le 17, elle part pour Cao-Xa; la marche est très pénible, il a plu pendant tous ces jours, et les hommes qui sont obligés de traverser souvent les rizières ont de l'eau jusqu'à la ceinture. A huit heures, une bande de 400 pirates est en vue sur la gauche du détachement, à environ 1,800 mètres. On continue la marche en avant, et les pirates acceptent le combat ; sept pavillons sont déployés de leur côté. Une section prend vivement position à 800 mètres de l'ennemi et exécute huit feux de salves. Une dizaine de ces bandits tombent pendant que les autres prennent la fuite, emportant leurs camarades tués ou blessés. Néanmoins, comme nous les serrons de trop près, ils abandonnent sur le terrain un drapeau, un fléau de combat, deux lances et un blessé. Le 18, la colonne quitte Cao-Xa, pour aller attaquer le village pirate de Mao-Can, qui semble être devenu le repaire des écumeurs de tous les environs. Il est habité du reste par leur chef ou Quang-An. Avant d'y arriver, nous rencontrons un arroyo dont l'ennemi a fait sauter le pont; nous le passons à gué, et prenons ainsi nos dispositions pour l'attaque : à droite, un peloton de « Linh », à gauche, un autre peloton de la même arme, au centre, les zouaves avec le commandant de la colonne. En un clin d'œil, et après quelques bonnes décharges, le village est enlevé; les troupes y font la sieste, après quoi, vers quatre heures, nous y mettons le feu pour reprendre, peu après, le chemin de Cao-Xa. La colonne évolue encore pendant quatre jours dans les environs de ce poste, puis rentre, le 25, à Hanoï.

(1) Les « Linh » sont les soldats indigènes, tirailleurs ou autres.

Nous y trouvons le choléra et une chaleur accablante. Le 23 août, dix-sept cas sont observés à l'hôpital et suivis de sept décès. Le 26, l'adjudant Niquet de la 2° compagnie et le zouave Dodain succombent. Le 27, huit décès sont encore enregistrés. Le lieutenant Cupet de la 2° compagnie part le même jour avec 50 hommes pour donner la chasse aux pirates dans les environs de Battang. Le 28, cinq nouveaux décès cholériques sont encore constatés. Le 29, nous perdons encore un camarade, le zouave Pâques. Tant de morts donnent à réfléchir, et chacun de nous se demande si, le lendemain, il ne succombera pas à son tour aux atteintes d'un mal qui ne pardonne pas, mille fois plus redoutable que les balles de nos pirates.

Le 3 septembre, des officiers et des soldats, avec de nombreux civils, se pressent au service funèbre de M. l'abbé Landais, aumônier de l'hôpital militaire d'Hanoï : c'est Mgr Puginier qui officie. Chacun admire la noble figure de cet évêque doublé d'un patriote, qui fut témoin des luttes sublimes essuyées par les Francis Garnier, par les Dupuis, par les Rivière, qui fut pour eux, en même temps qu'un ami fidèle, un conseiller et un soutien.

Revenus à Hanoï, nous nous préparons à partir sous peu pour une expédition sur Than-Maï.

On n'a pas perdu de vue qu'au mois de mars dernier, un bataillon du 1er Zouaves, aux prises avec les Pavillons-Noirs dans les environs de Than-Maï, avait dû se replier, après une lutte ardente, devant le nombre toujours croissant des adversaires ; les opérations sur Lang-Son n'avaient pas tout d'abord permis de venger cet affront, mais ce n'était que partie remise, comme on va voir.

Les environs de Hong-Hoa, et surtout Than-Maï, étaient

depuis quelque temps le rendez-vous de pirates Pavillons-Noirs, de Réguliers chinois, licenciés après Lang-Son, et de mécontents annamites qui les avaient rejoints à la suite du guet-apens de Hué. Le général Jamont, qui avait remplacé le général Brière de l'Isle dans le commandement de la 1re division, résolut de faire place nette, et, pour cela, il forma trois colonnes, celle du colonel Mourlan forte de 1,800 hommes, celle du général Musnier avec 2,300 hommes, celle, enfin, du général Jamais composée de 2,000 combattants, soit, en tout, un effectif assez raisonnable de 6,000 hommes, au moins. Le 2e Zouaves faisait partie de cette dernière colonne.

Somme toute, la prise de Than-Maï est une affaire de très mince importance, mais les nombreux ennemis qui se sont concentrés là depuis quelque temps ayant fait préjuger de leur part une grande résistance, ce fait seul explique les mesures que nous prenons. Je relaterai donc, jour par jour et très minutieusement, le détail de nos opérations.

A onze heures du matin, le 28 septembre, nous recevons l'ordre de nous tenir prêts à partir dès quatre heures le lendemain matin. La 1re compagnie, qui est la mienne, s'embarque effectivement sur *le Jacquin*, et la 2e sur *l'Éclair*: l'ancre dérape à cinq heures. Ce jour-là, M. Schmutz, notre sous-lieutenant, apprend qu'il est proposé pour la croix: la chose ne surprend personne, et la compagnie tout entière en est fière et heureuse pour lui. Nous arrivons à Bac-Hat le 29 au soir, et y séjournons provisoirement. Le 3 octobre, le général Jamais vient prendre le commandement de notre colonne qui se décompose ainsi : quatre compagnies de Tirailleurs algériens, deux de Linh ou Tirailleurs tonkinois, le 2e Zouaves, et enfin deux batteries d'artillerie, capitaine

Mary et commandant Still. Le 6, le général Jamont vient se mettre à la tête de la division, et le général Brière de l'Isle rentre en France.

Le 7, nous partons de Bac-Hat, traversons le fleuve et allons nous installer à Viet-Tri. Le capitaine Wamberge, de la 2ᵉ compagnie, meurt du choléra à l'ambulance : c'est un brave officier de moins et un grand vide dans le régiment, qui le regrette bien. Le lendemain, c'est le tour de M Brunet, officier de réserve, qui succombe également à la terrible maladie.

Le 10, nous faisons une reconnaissance à 6 kilomètres en avant du cantonnement, dans la direction de Than-Maï. M. Jamais, neveu du général de ce nom, meurt également du choléra.

Le 11, la 3ᵉ section, sous les ordres de l'adjudant Crevier, va occuper une pagode du côté de Chic-Hat. Le 12, arrive le général Musnier, commandant la brigade ; il visite nos cantonnements le 13 et paraît satisfait.

Le 14, nous repartons pour Viet-Tri et traversons la Rivière-Claire, très large en cet endroit à cause de son confluent avec le Song-Cau. Nous repartons le 16 pour nous rendre à Tien-Cat. Le lieutenant-colonel Calé et l'état-major du bataillon sont avec nous. Nous sommes cantonnés dans deux pagodes.

Le dimanche 18, le sous-lieutenant Schmutz avec une section de la compagnie et une section de Linh, sous les ordres du capitaine Lochert, part en reconnaissance avec mission de déterminer l'emplacement des pièces de 95 qui doivent canonner Than-Maï. lorsque la petite troupe est en vue des fort de Cam-Doï et de Van-Doï, l'ennemi prend ses positions de combat.

Le 21, nous partons de Tien-Cat à six heures trois quarts, et arrivons au pied des positions. A huit heures et demie la 1re compagnie est aux avant-postes.

Le 23, la concentration des troupes est opérée ; nous sommes prêts à agir, et le premier coup de canon est tiré à une heure. A quatre heures, les avant-postes sont plus près de Than-Maï. L'attaque est remise au 24.

Ce jour-là effectivement, de très bonne heure, l'artillerie prend ses dernières positions, l'infanterie s'échelonne par petits détachements jusqu'aux endroits qu'elle doit définitivement occuper ; il ne faut pas, en effet, que l'ennemi s'aperçoive d'un trop grand développement de troupes à la fois, puis, quand chacun est à son poste, le signal est donné, et les pièces de 80 et de 95 commencent à parler. Nos artilleurs font des merveilles de précision : les boulets et les obus pleuvent sur les forts, pendant que l'infanterie, qui marche maintenant de l'avant, soutient l'action par ses feux de peloton qui se répètent et portent un regain de terreur dans les villages déjà en flammes qui environnent Than-Maï.

Grâce aux forces que nous avons déployées, le drapeau français est arboré dès neuf heures et demie sur les forts évacués, et nous pouvons, le matin même, envoyer dans la place deux compagnies du 1er Zouaves, une de la légion étrangère avec d'autres soldats d'armes différentes. On accorde aux troupes deux heures de pillage ; il n'est pas besoin de dire que chacun accomplit consciencieusement ce que les lois de la guerre permettent en semblable circonstance : des munitions, des vivres, des armes, et surtout une magnifique collection d'étendards, que les bandits n'ont pu sauver, tombent aux mains de nos soldats.

L'ennemi a disparu non sans avoir éprouvé des pertes sérieuses, mais en emportant, comme toujours, ses morts et ses blessés.

Le 26 octobre, en France, *l'Agence Havas* fit à la presse la communication d'une dépêche signée du général de Courcy, et que je cite à titre de document complémentaire sur la prise de Than-Maï :

« Than-Maï, 24 octobre.

« Les trois colonnes du général Jamont entrent à Than-Maï après trois jours d'opérations.

« La résistance, vigoureuse le premier jour au passage du Fleuve-Rouge, en amont de Hong-Hoa, et vaincue avec grand succès par la colonne Mourlan, a molli ensuite chaque nuit.

« Les rebelles ont cherché à se frayer un passage, laissant beaucoup de cadavres sur le terrain.

« Than-Maï, entouré de six forts, était lui-même formidablement retranché. Trois chefs commandant les Pavillons-Noirs ont été tués.

« Nous n'avons perdu que huit hommes, grâce à un grand déploiement de forces et aux mesures fort sages prises par le général Jamont ; en outre, cinq grièvement blessés.

« De nombreux rebelles cachés dans les hautes et épaisses broussailles sont ramassés par nos troupes. Nous avons trouvé de grands approvisionnements en vivres et en munitions.

« Grand résultat au point de vue de la pacification, Than-Maï, un des derniers et des plus sérieux centres de résistance, ayant été fortement organisé pendant la période des chaleurs.

« Je quitte Than-Maï et vais à la colonne Négrier, qui poursuit les pirates dans la portion de territoire comprise entre le canal des Bambous et le canal des Rapides.

Signé : DE COURCY.

Les opérations terminées, mon bataillon reste en observation sur les hauteurs environnantes, à un kilomètre du village ; mais, le lendemain, il a sa part du butin, et les petits cochons dodus et les poulets superbes lui arrivent, envoyés de Than-Maï par les camarades qui l'occupent, et viennent très à propos agrémenter son ordinaire, puis, à la santé des pirates qu'on a si prestement délogés de leurs positions chacun boit force rasades.

Je dois avouer que je ne pus prendre part à ce festin, parce que, le soir même de la prise de Than-Maï, je fus évacué sur l'ambulance de Bac-Hat; une piqûre de bambou m'avait fait enfler tout un côté du corps, aussi je dus rester quelques jours au milieu des cholériques. J'en voyais succomber journellement quinze ou dix-huit, mais la Providence permit que je sortisse vivant de ce milieu contaminé par le fléau.

Le 28 octobre, je rejoignais ma compagnie aux Cinq-Pagodes. Elle était rentrée la veille à Hanoï venant de Than-Maï par Tien-Cat et Viet-Tri.

Le 24 novembre, nous nous remettons en route après avoir formé deux colonnes, la première était partie la veille sur *le Pluvier* avec le lieutenant Faure, la seconde avec le lieutenant-colonel Calé, le capitaine Bernier et les sous-lieutenants Barrault et Schmutz. Nous débarquons par ci par là sur différents points du rivage compris entre les Cinq-Pagodes et le poste des Bambous. En route nous trouvons *le Casse-Tête*, qui s'est échoué; mais, cette canonnière, une fois renflouée, vient nous rejoindre aux Bambous, une heure après notre arrivée, au moment où *le Moulun* et *la Trombe* passent avec le général en chef. Nous couchons sur le fleuve. Le 25, continuant notre exploration, très agréable, du reste, nous débarquons à Hac-Laï où nous restons un jour. Le lendemain, nous parcourons quelques villages et nous nous embarquons sur *le Francis-Garnier*. Nous avons, comme premier objectif, la rivière de Traly, sorte d'arroyo qui n'est autre chose encore que l'une des mille ramifications du Song-Cau, et qui se jette dans la mer près du village qui porte son nom.

Après une navigation de huit heures, nous entrons dans l'arroyo et rencontrons *la Hache* à son confluent avec le Fleuve-Rouge. Nous opérons de concert avec le 1er Zouaves et les fusiliers marins, pour cerner et anéantir certains villages rebelles qui troublent la tranquillité des habitants du Bas-Delta.

Nous avançons très vite, trop vite pour un cours d'eau tortueux et à fond inégal comme celui-ci, ce qui fait qu'à un détour, nous ressentons soudain un choc violent : c'est une barque, chargée de nos vivres, qui s'effondre sur le rivage.

Le pain, ce pain si désiré que nous épargnons, hélas ! et que nous remplaçons si souvent par le biscuit, les tonneaux de vin et de tafia, les caisses de biscuit, tout cela s'en va à la dérive, et nous ne pouvons, après mille efforts pénibles, sauver du naufrage qu'un peu de vin et de tafia.

Le lendemain, 28 novembre, c'est le tour du *Francis-Garnier*. La canonnière va se heurter au talus et fait eau par une trouée béante, sa roue est détériorée, et les matelots font jouer la pompe pour étancher la cale. Nous couchons dans une pagode. Le 29, on réquisitionne des jonques, des paniers et des sampans, ce qui permet au reste du détachement de continuer sa route pendant que la 3ᵉ section reste à la garde de la canonnière, sous les ordres de l'adjudant Crevier. Les camarades qui nous ont laissés là, visitent successivement Traly, en repartent le 2 décembre, font ce jour-là une rafle de prisonniers chinois dans les environs de Binh-Tuong, passent le 4 à Lô-Than, le 9 à Puh-Taï-Binh, où ils rencontrent le général Musnier, puis évo-

luent quelques jours encore dans les environs de Phu-Kien
où ils cantonnent. C'est là que nous allons les rejoindre
le 17 décembre, après avoir marché un peu au hasard
pendant plusieurs journées et ayant complètement perdu
les traces de la compagnie.

Le 30 nous quittons Phu-Kien, pour escorter le général
Musnier qui va reconnaître le terrain compris entre le
Fleuve-Rouge, la mer et le Cua-Traly ; nous couchons à
Tien-Dinh.

Dans les premiers jours de janvier, nous arrivons à Yen-
Teu. Le soir même le général s'embarque sur *le Casse-Tête*
pour Bui-Chu, siège d'un évêché espagnol dont Mgr Onate
est le titulaire.

Nous parcourons encore une fois pour n'y plus revenir
ces parages humides et marécageux du Bas-Delta ; nous
rencontrons dans cette dernière excursion des missions
catholiques très florissantes : elles sont Espagnoles et
soumises à la juridiction de Mgr Onate. Cet évêque, homme
très affable, à notre passage à Bui-Chu, invita le général
Musnier et les officiers du bataillon à déjeuner ; ces messieurs, après avoir visité la cathédrale dans tous ses détails,
le quittèrent en emportant le souvenir agréable d'une
bonne et franche hospitalité.

Non loin de là se trouve aussi la mission de Ké-so dont
le supérieur Mgr Puginier, évêque français, est très connu
par les nombreux services qu'il a rendus à notre armée
depuis Francis Garnier, aussi me dispenserai-je de faire
de lui un éloge qui serait certainement au-dessous de la
vérité.

C'est ce vaillant cœur de Français qui soutint courageusement Francis Garnier et Jean Dupuis contre les exac-

tions des mandarins ; il a créé un nombre incalculable d'écoles partout où il est passé, et il ne cesse encore de mettre au service de nos officiers et sa science du pays et sa connaissance des mœurs annamites ou tonkinoises et son influence auprès des habitants.

A Cauviet, que nous traversons en dernier lieu, le jour de l'Épiphanie, la population catholique est en fête et nous accueille avec enthousiasme. Le 7 janvier, nous retournons à Phu-Kien, pour y rester, cette fois, jusqu'à notre départ pour le Cambodge.

CAMBODGE

CHAPITRE XVI

Le 20 janvier 1886, après notre dernière colonne dans les environs de Phu-Tien et quelques jours de repos dans cette ville, nous prenons nos dispositions de départ pour Nam-Dinh. Trois compagnies partent pour le Cambodge ; un sous-lieutenant de réserve, M. Barrault, qui était venu rejoindre à Hanoï au mois de septembre dernier, va s'embarquer avec nous : c'est l'*Éclair* qui nous emmène.

Nous arrivons à Nam-Dinh vers onze heures du matin, nous prenons nos logements dans la citadelle ; le soir, nous sortons un peu et parcourons les rues de cette petite ville devenue depuis peu très commerçante et qui est le pays des lettrées dans le vrai sens pratique du mot, car à Nam-Dinh, comme dans les environs de la ville, tous les Annamites, riches comme pauvres, hommes ou femmes, savent lire et écrire. Il y a là quelques jolies boutiques chinoises et d'assez beaux établissements français.

Le 22, une canonnière, *Le Chéribon*, nous transporte à Haï-Phong, où l'on nous met en quarantaine parce qu'à Nam-Dinh, d'où nous venons, le choléra règne encore. Le général de Négrier nous passe en revue et donne ses dernières instructions à nos officiers.

A ce moment-là, plusieurs d'entre nous ignoraient encore la destination exacte de notre petit corps d'embarquement, certains même, toujours trop prompts à s'illusionner, croyaient reprendre la route de France ; cependant, lorsqu'on nous eut annoncé une petite tournée au Cambodge, pas un ne sourcilla, malgré la surprise ; tous, au contraire, nous prîmes résolûment notre parti en braves.

La revue donc a lieu et dure un certain temps car le bon général la fait conscieusement et ne dédaigne pas de jeter un coup d'œil sur chaque homme, parlant affectueusement à celui-ci et s'informant de la santé de celui-là, surtout quand il rencontre une figure tant soit peu émaciée.

Après cette opération, il supprime nos effets de drap et nous fait toucher des vêtements de toile parce que, dit-il, il fait très chaud au Cambodge et que les marches y sont plus pénibles qu'au Tonkin.

Après avoir constaté qu'aucun de nous n'est malade, il lève la quarantaine, de sorte que, pendant deux jours, il nous est loisible de parcourir cette curieuse ville d'Haï-Phong. Nous trouvons que le changement de décor y a été complet, car, lorsqu'il y a onze mois nous avons débarqué dans ces lieux, il y avait d'infectes cagnas malpropres et des marais sordides que des ouvriers annamites, sous la direction du génie militaire, sont encore actuellement occupés à combler.

Le 25, à 7 heures du matin, nous nous rendons au quai d'embarquement près duquel nous attend l'aviso de deuxième classe *le Brandon.*

En contemplant la coque légère et gracieuse de notre petit bâtiment, le souvenir me revient que ce sont deux de ses matelots qui m'ont recueilli, lors de ma baignade dans le Fleuve-Rouge.

C'est donc *le Brandon* qui va nous emporter jusqu'à Phnom-Penh. Nous mettons quatre jours à atteindre Saïgon ; la mer est bonne et il y a peu de malades. Le 28 au soir, nous ne descendons pas et restons en rade jusqu'au lendemain.

J'ai l'occasion d'apercevoir non loin de nous, sur un autre transport, mon compatriote Brûlé qui appareille, lui, pour la France : nous nous saluons de loin avec nos mouchoirs.

Le 29, nous reprenons la mer, très mauvaise, cette fois-ci à cause du mousson qui souffle pernicieusement dans ces parages ; pour comble de malheur, nous sommes obligés de doubler le cap Saint-Jacques, qui a été de tout temps redouté des marins.

Le roulis est insupportable ; beaucoup sont malades du mal de mer et, à ma grande stupéfaction, je vois jusqu'à des matelots se pencher par dessus bord pour donner la pâture aux poissons ; c'est inoui, et je n'ai pas vu semblable chose pendant la traversée de France, qui fut cependant bien plus longue ; quant à moi, j'ai l'estomac rebelle aux atteintes de cet ennuyeux malaise, et je m'estime heureux d'assister, en spectateur seulement, à toutes les contorsions que je vois faire aux malheureux qui m'environnent.

Le Brandon, dans ce passage difficile, s'avance cahin-caha, et perd beaucoup de sa vitesse, parce que l'une ou l'autre de ses deux roues est sans cesse au-dessus de l'eau.

Enfin, à cinq heures du soir, nous finissons quand même par nous engager dans l'un des bras du Mé-Kong, le Dia, celui sur lequel est située la petite ville de Mytho.

Quel beau fleuve que ce Mé-Kong, et quels riants paysages se succèdent à chaque instant sur ses bords et
émerveillent les yeux du voyageur!

Quel dommage de ne point parcourir en touriste ces
rives verdoyantes et de ne point avoir le loisir d'admirer à
son aise et en détail tous les sites si variés qu'on y rencontre marqués tous au coin d'une si curieuse originalité!

Le lit du fleuve, dans ces contrées du moins, est bien
encaissé; le débit en est rapide, mais notre navigation est
désormais douce et agréable; chacun oublie alors les
flots désordonnés du cap Saint-Jacques pour respirer à
pleins poumons cet air pur et embaumé par les senteurs
qui se dégagent des touffes de cannelliers ou des herbes
odorantes qui croissent sur les bords du fleuve. Il y a là
des forêts de bambous gigantesques, de rotins flexibles,
de tamariniers ou de palétuviers qui font descendre jusque
sur l'eau leurs branches capricieuses; les ondulations
produites dans ce feuillage par les remous de notre bateau
qui passe auprès, rendent un effet des plus gracieux pendant que les oiseaux aquatiques, qui peuplent les rives du
fleuve, s'envolent à notre approche remplissant l'air de
leurs cris de mécontents troublés dans leur tranquillité.

Çà et là nous croisons quelques barques de pêcheurs,
car la pêche nous semble être le seul moyen d'existence
des habitants de tous les villages que nous rencontrons;
puis, vers onze heures du soir, par une nuit superbe sous
un ciel pur et étoilé, nous mouillons devant Mytho.

A ce moment, je me trouve les coudes appuyés sur le
bastingage, rêvant délicieusement de mon pays, évoquant
le souvenir de mon père et de ma sœur qui me croient
sûrement encore, à l'heure qu'il est, au pays des Pavil-

lous-Noirs ; je remercie la Providence qui m'a déjà sauvé de bien des dangers, et je me berce de l'espoir que je reviendrai peut-être encore sain et sauf de cette nouvelle campagne que nous allons entreprendre, quand, soudain, les lumières des magasins et les becs de gaz qui se succèdent sur les quais me rappellent à la réalité.

L'effet qui se produit en moi est merveilleux, je viens de penser à mon pays, et voici qu'aussitôt, pour faire suite à mon rêve, je me trouve en face d'une ville qui, autant que la nuit me permet d'en juger, a tout le cachet que peut avoir, à onze heures du soir, une petite ville de France, c'est-à-dire de jolis magasins bordant les quais avec des flots de lumières qui permettent même de distinguer, de sur le pont de notre aviso, les marchandises qui sont à l'étalage, les fiacres qui s'entrecroisent et les cochers qui cinglent l'air de leurs bruyants clic-clac. Aussi, j'ai le cœur gai, et je réveille plusieurs de mes camarades pour qu'ils puissent également se repaître de ce coup d'œil charmant qui nous rappelle quelque chose de la Patrie absente.

A Mytho pas d'arrêt ; *le Brandon* a seulement ralenti sa marche pour passer devant les quais et se frayer un chemin au milieu des bateaux chargés de marchandises et des jonques qui sont amarrés là par milliers.

Le lendemain, 1er février, nous apercevons à notre réveil les formes encore vagues de quelques pagodes élevées qui dominent à l'horizon, puis *le Brandon*, qui semble redoubler de vitesse à mesure que nous approchons du terme de notre voyage, donne un premier coup de sifflet ; quelqu'un crie : Phnom-Penh ! C'est, en effet, la capitale du Cambodge que nous avons sous les yeux avec ses paillottes de pêcheurs et ses quelques beaux monuments français dont la toiture en briques rouges ou en ardoises, tranche absolument sur le fond grisâtre des demeures cambodgiennes.

Le lieutenant-colonel Badens vient à bord du bateau et nous nous approchons de terre pour débarquer.

La ville, qui possède trente et quelques mille âmes, est admirablement située en face des deux bras du Mé-Kong, et beaucoup d'indigènes sont là, sur les quais, regardant curieusement débarquer toutes ces figures de zouaves, dont l'accoutrement original constitue pour eux une nouveauté bizarre.

Le débarquement opéré, nous nous dirigeons vers une immense cagna carrée pourvue de lits ; c'est un luxe dont nous jouirons le soir, puis, ce jour-là même, le commandant d'infanterie de marine, Klypfeld nous passe en revue, après quoi nous jouissons de quelques instants que nous employons à visiter la capitale. Les officiers sont invités à déjeuner à la Résidence, et le soir, ils s'en vont diner avec les officiers du *Brandon*.

L'effet que nous produit Phnom-Penh est celui d'une ville tonkinoise comme Hanoï ou Haï-Phong. Les différentes administrations que nous y avons installées depuis le protectorat, sont disséminées dans des bâtiments presque luxueusement aménagés. L'hôtel des Postes, la Résidence, la maison du commandant militaire principalement, voilà qui nous rappelle quelque chose de chez nous, puis voici le palais de Norodom, assez curieux, d'une architecture tant soit peu primitive, il est vrai, mais qui semble néanmoins offrir au monarque notre « protégé » toutes les aisances d'une bonne maison bourgeoise d'Europe ; plusieurs de mes

camarades qui l'ont visité, m'ont déclaré y avoir vu de
magnifiques tapisseries, de riches tentures, des glaces et
des tableaux qui ne dépareraient point certains beaux hôtels
de France.

Quelques mercantis chinois ou malais — le commerce
est presque exclusivement entre leurs mains — ont établi
là des estaminets d'une propreté souvent douteuse et qu'il
faut bien choisir quand on veut, une fois par hasard,
échanger le menu austère de la gamelle contre le fumet
plus aristocratique d'un petit dîner à quatre, ceci dit pour
les restaurants en général; quant aux cafés, j'en dirai un
mot plus loin.

Nous retrouvons, rangés le long du fleuve, les tradition-
nels sempans, des jonques et, comme spécimens du pays
même, de petites barques creusées dans des troncs
d'arbres.

Phnom-Penh est très commerçant; les pêcheries du lac
Bati et celles du Grand-Lac fournissent, à elles seules, les
principaux moyens de transactions.

Quelques rues sont sales et tortueuses, d'autres, par
contre, celles où sont installés les administrations françaises et les commerçants, sont mieux alignées et plus pra-
ticables. Ce sont des forçats qui les nettoient; selon la
gravité de la peine qu'ils ont à subir, ils traînent un ou
deux forts boulets; quelques-uns sont enchaînés par le cou,
deux à deux, et, sous la surveillance de la garde royale,
ils exécutent les différents travaux de voirie de la capitale.

Mais j'en reviens à ma compagnie: Le colonel Badens a
le commandement du petit corps expéditionnaire. Le
3 février 1886, nous partons au nombre de cinquante
hommes accompagner un convoi à destination de Phnom-

Basset : c'est M. Bernier qui nous commande et nous formons la 3ᵉ section. Le lieutenant Faure, avec le 1ᵉʳ peloton de ma compagnie, s'est embarqué hier sur *la Bayonnette* pour Compong-Thôm. Nous suivons donc le chemin de Compong-Toul, poste qu'on nous a dit devoir être attaqué aujourd'hui et, après une marche de quatre lieues dans des terrains incultes où ne croissent, çà et là, que quelques buissons désolés, nous atteignons tout à coup la lisière d'une vaste forêt à l'entrée de laquelle est construite une fort belle pagode abandonnée par ses talapoins ou bonzes.

Nous y faisons une station d'une heure, puis nous repartons; bientôt la colonne se sépare, nous n'avons, en effet, que de mauvaises voitures attelées de deux bœufs conduits par les gens du pays; ces attelages, tout ce qu'il y a de plus primitif, restent en détresse, et le temps que nous employons à les remettre d'aplomb fait que nous avons presque complètement perdu de vue la tête de la colonne.

A l'intersection de deux chemins, nous faisons fausse route, et nous sommes heureux d'avoir avec nous un clairon qui donne l'alarme et met sur notre piste les hommes qu'on a déjà envoyés à notre recherche.

Enfin nous nous rallions et, sans autre incident, nous arrivons vers dix heures du soir à Phnom-Basset.

Deux mamelons à pics assez élevés, et perdus au milieu des bois, dont l'un est couronné par un fort qu'occupaient tout dernièrement encore les partisans de Si-Wota; une pagode au pied de ce mamelon, tel est Phnom-Basset, il n'existe aucune cagna, nul indigène n'indique là une agglomération quelconque pouvant s'appeler village, et c'est tout simplement la pagode avec le fort où se trouve actuellement installé un détachement d'infanterie de marine, qui constitue ce qu'on est convenu d'appeler Phnom-Basset.

Nous y restons deux jours et deux nuits, logeant dans la pagode sous la protection des grimaçants Bouddhas qui la décorent. Après un repos bien gagné, nous partons, dès le lendemain, en reconnaissance, et échangeons des coups de fusil avec un parti de rebelles que nous surprenons dans un village aux environs, et que nous délogeons de ses positions, non sans avoir essuyé de leur part une assez vive riposte à notre attaque : ils parviennent à gagner les bois emportant leurs morts et leurs blessés : personne de nous, ce jour-là, n'a été touché.

Le 6 février, nous quittons notre cantonnement pour aller à Compong-Thom en passant par Oudong, résidence de la reine-mère et ancienne capitale du royaume. Avant d'atteindre cette ville, notre attention est vivement excitée par la vue de deux belles pyramides, élevées sur le sommet d'un monticule au pied duquel nous admirons des pagodes aux décors somptueux ; des pans de murailles qui dominent des décombres de toutes sortes, nous indiquent que la guerre a passé par là avant nous.

Nous arrivons à Oudong, 7 février, que nous traversons sans nous y arrêter, il est six heures du soir, et le soleil qui brille encore reflète ses mille feux rougeâtres sur les toits aux faîtes dorés des pagodes.

Nous atteignons la grande route de Compong-Thom, chef-lieu de la province de ce nom, les bandes de Si-Wota (1) y ont partout semé la terreur et la désolation ;

____

(1) Frère et compétiteur du roi Norodon

nous trouvons à chaque instant les poteaux du télégraphe, qui relie cette dernière ville à Phnom-Penh, arrachés et brisés, les fils télégraphiques coupés et tordus. Nous arrivons à Compong-Luong épuisés de fatigue par une marche pénible au milieu de terrains sablonneux et incultes, ou de forêts épaisses à travers lesquelles nous ne trouvons que de mauvais chemins et d'affreuses fondrières pour passer. La ville de Compong-Thom, assez importante, est située sur un bras du Mé-Kong, mais ses alentours ne sont pas tranquilles, car les rebelles font à chaque instant des incursions jusqu'aux abords de la ville même.

Après un jour de repos, le 8 février 1888, nous repartons dans la direction d'Oudong où nous faisons halte ; on nous cantonne dans les anciennes casernes des gardes royales, et nous y passons le reste du jour à nous refaire un peu. Nos officiers logent avec nous, comme la plupart du temps, d'ailleurs, et leurs lits sont les nôtres, c'est-à-dire une couverte avec le sol pour sommier. Chaque escouade s'occupe des apprêts d'un bon souper réparateur. Nous n'avons point de pain, on défonce un tonneau de biscuits, mais, par malheur, il a mouillé et atteint un degré de fermentation qui fait qu'on ne peut l'utiliser. Nous sommes obligés d'avoir recours à des camarades de la 2e compagnie qui nous passent des rations supplémentaires, puis nous confectionnons un bon café que vient arroser une forte dose de tafia du pays qui n'est point à dédaigner.

Nous nous dirigeons sur Babaur où, d'après des interprètes, nous devons nous heurter à une troupe de rebelles retranchés dans un ouvrage. Le 9 février, une vingtaine de marsouins viennent renforcer notre petite colonne, qui marche sous les ordres du commandant Clypfeld.

Le 10, nous repartons vers trois heures du matin pour ne nous arrêter qu'une heure vers midi et continuer jusqu'à onze heures du soir.

Cette journée dans le sable et dans les bois a été particulièrement dure, et la nuit qui suit vient à point pour réparer nos forces.

L'assaut du fort en question est fixé pour aujourd'hui 11 février. Nous nous mettons en route d'assez bonne heure pour ne nous arrêter qu'à l'entrée de la plaine qu'il défend. Nous pouvions absorber tous les vivres de la journée, car, disait-on, le combat durerait peut-être jusqu'au lendemain.

Dans l'après-midi nous nous avançons; des escouades d'éclaireurs dispersées en vedettes sur les flancs de la colonne, sondent les bouquets de bois qu'elles rencontrent, cherchant à débusquer l'ennemi de ses postes avancés.

A un kilomètre de l'obstacle à enlever et qui nous est masqué désormais par un petit bois, nous nous déployons en tirailleurs sous la direction du Résident français de Compong-Thuong. On fouille le bois sans aucun résultat, puis nous nous approchons toujours insensiblement et entrons enfin dans la fameuse redoute, où nous ne trouvons âme qui vive, à part deux malheureux chats étiques, qui ne sont même pas aptes à faire le moindre civet tant ils sont maigres.

Il y avait quatre jours que les rebelles, ayant eu éveil de l'expédition par leurs espions, avaient évacué les lieux.

Nous prenons leur place et restons là quatre semaines environ, après quoi, nous démolissons l'ouvrage que nous allons reconstruire à Sac-Sac. Pendant ces quatre semaines les vivres nous ont manqué, et nous en avons été réduits à tourner le moulin annamite pour écosser le riz dont nous avons fait notre seule nourriture.

CHAPITRE XVII

Le 9 mars 1886, soit deux jours après notre arrivée à Compong-Thuong, la colonne est reformée par deux sections des 1re et 4e compagnies et un certain nombre de tirailleurs saïgonnais. Tout ce monde prend la direction de Compong-Trala ; quant à moi qui ne suis pas encore bien remis d'un accès de fièvres qui m'a pris au retour de notre dernière expédition, je reste deux jours au poste.

Nous sommes là une douzaine environ, et, le service nous procurant des heures de liberté, je note ici la manière dont nous en employons la majeure partie ; il s'agit d'une pêche au poisson très originale et dont on aurait peine à se faire une idée, en France, tant les moyens employés paraissent invraisemblables.

Le procédé laisse loin derrière lui par sa simplicité le système en honneur à Tong-Son et que j'ai relaté plus haut.

Nous nous dirigeons vers une sorte de réservoir d'une profondeur moyenne de 3 pieds, chacun quitte ses vêtements et se met à l'eau, les uns armés de **rotins solides**, **les autres** opérant avec un grand sabre de cavalerie.

Descendus à une extrémité de la mare, nous marchons

de front pour chasser devant nous le gibier aquatique et
l'acculer dans un coin, puis, quand nous ne sommes plus
qu'à deux mètres environ de l'endroit choisi, voilà que nous
voyons bondir hors de l'eau avec des battements de queue
formidables, les, plus belles pièces de poissons d'eau douce
que j'aie jamais vues de ma vie. Le moment d'agir est venu,
et chacun joue du bâton ou évolue avec le sabre ; nos
poissons, étourdis sous cette avalanche de coups qui
tombent drus et serrés, nagent soudain sur le dos et vont
remplir les sacs de toile que nous avons apportés. Nous
repartons au poste avec une douzaine de ces monstres,
dont quelques-uns pèsent jusqu'à huit et dix kilos et qui
me semblent tirer sur l'espèce de nos brochets d'étangs.

Pendant deux jours le fruit de notre pêche défraye le
menu du poste, et lorsque j'aurai dit que ces poissons,
consacrés à Bouddha et nourris grassement par les bonzes,
sont là depuis bien des années déjà, on s'expliquera
aisément et leur grosseur et la facilité avec laquelle ils se
laissent prendre. Le 12 mars, nous repartons de Compong-
Thuong pour rallier au poste de Babaur sur des jonques
chargées de vivres qui remontent le fleuve jusqu'à Vat-Chac.
Pour la première fois, il nous est donné de voir des caïmans,
affreuse bêtes amphibies qui infestent ces parages du fleuve
et sont la terreur des habitant qui s'y baignent. Nous restons
huit jours au poste après quoi un détachement de la
2e compagnie étant venu nous remplacer, nous retournons
à Compong-Thuong, puis à Phnom-Penh sur une canonnière
d'où nous allons enfin rejoindre, le 9 avril, notre peloton à
Compong-Toul.

Depuis deux mois que nous nous sommes séparés, les
camarades ne sont pas restés inactifs ; les uns, sous les

ordres du capitaine de Cauvigny, parcourent, en effet, dans tous les sens la province de Compong-Toul, repoussant, le 7 février, par exemple, une attaque fort sérieuse des bandes ennemies, qui laissent deux morts sur le terrain ; les autres, avec le lieutenant Faure, font partie de la colonne du capitaine David et remportent, le 6, un succès brillant entre Ban-Rod et Bangechety. La colonne, composée des zouaves de M. Faure et de miliciens cambodgiens, est soudain attaquée par des rebelles venus des environs d'Assey-Srang et de Kaka. L'ennemi, qui fait bonne figure tout d'abord, est obligé de plier sous l'ardeur de la petite troupe qui le poursuit et l'accule dans le fortin d'Assey-Srang. Cet ouvrage est enlevé le soir même, malgré la résistance acharnée des Si-Wotistes, qui y laissent 18 hommes tués. Malheureusement nous avons quatre hommes blessés, les zouaves Labbaye et Gilbert assez grièvement, et deux autres légèrement, Beaudet et Médard.

D'après une dépêche officielle du Résident général à Phnom-Penh, « les zouaves et les miliciens cambodgiens se sont fait remarquer dans cette affaire par leur belle conduite ».

Une autre fois, le 13 mars, c'est le sous-lieutenant Schmutz qui, marchant avec son détachement pour renforcer le poste de Wat-Bati situé sur les bords du lac du même nom, rencontre les Si-Wotistes et parvient à les disperser après une lutte bien soutenue. Le succès est brillant, sans doute, mais, hélas ! il nous coûte la vie des camarades Dyon et Magnien et la mise hors de combat du zouave Appel.

Au sujet de cette affaire je noterai un trait de courage et d'énergie : dès le début de l'action, Appel qui vient d'avoir la jambe gauche fracassée, en informe le sous-lieutenant ; ce dernier lui prescrit de se traîner comme il le pourra dans un fossé qui est à deux pas, afin de se mettre à l'abri des projectiles. Appel, au contraire, demande à rester sur place et objecte à son officier qu'il peut encore très bien faire le coup de feu. Il reste effectivement dans cette position jusqu'au moment de l'assaut. Alors ses camarades l'ayant devancé, il comprend qu'il ne peut plus faire usage de ses armes et il se laisse panser. La médaille militaire récompensera le zouave Appel, lors de son retour à Oran.

Le 30 mars, dans un autre engagement aux environs de Compong-Toul, la compagnie perd le zouave Rivet qui, blessé mortellement, succombe en route. Un autre camarade, Anglade, ordonnance du sous-lieutenant, est également blessé ce jour-là.

Arrivés au poste de Compong-Toul, chacun prépare sa gamelle ; les officiers font la sieste à côté de nous et dans les gais propos et les refrains joyeux qui suivent, nous oublions les fatigues et les émotions passées.

Le lendemain de notre arrivée à Compong-Toul, c'est-à-dire le 10 avril, je retrouve mon vieil ami Parisot, qui se met à me raconter au long et au large une histoire à dormir debout. Ils étaient partis, dit-il, en reconnaissance avec des tirailleurs saïgonnais ; quant à lui, il s'était égaré dans la brousse avec un autre camarade qui n'avait pu suivre, tant il était miné par les fièvres. Mon Parisot, un brave cœur, du reste, s'il en fut jamais, pour avoir assisté ce camarade, n'en avait pas moins perdu de vue la colonne et s'était, de ce fait, attiré quinze jours de prison. « Je suis né sous une mauvaise étoile, concluait-il. » Mais à peine a-t-il prononcé ces dernières paroles que des coups de feu se font entendre dans la direction des bois qui environnent Compong-Toul. Nous sommes attaqués. Bientôt le crépitement de la fusillade devient plus nourri, et les balles commencent à pleuvoir autour de nous. En moins de temps qu'il ne faut pour le dire, nous ajustons nos ceinturons et sommes prêts à faire feu. Nos officiers accourent au pas gymnastique, chacun est à son poste, et nous voilà poursuivant les agresseurs tout en les gratifiant de quelques bordées bien nourries. Selon leur habitude, ils se hâtent de déguerpir, non sans dommage, et de regagner la forêt dans les profondeurs de laquelle ils disparaissent comme des ombres. Nous nous contentons de pousser à travers un sentier mal frayé jusqu'à un groupe de trois ou quatre cagnas situées assez avant dans le bois et qui sont leur refuge habituel. Mais les braves gens ont flairé notre visite et n'y sont point allés.

Ce jour-là, le zouave Léonard, ainsi que le gouverneur de N. Serouch, qui se trouvait avec nous, sont légèrement contusionnés.

Le 14 avril, on organise une colonne en vue de pousser des reconnaissances à travers la province ; notre itinéraire est celui-ci : Bacôr, Sla-Kus, Wat-Pot, Wat-Sra-Kako, Wat-Poum-Ro, Bati et les environs du lac, Wat-Tréang-Roméang et retour à Compong-Toul. Nous avons donc du chemin à parcourir et des villages à visiter.

La colonne s'avance sous les ordres du commandant Klypfeld, assisté du capitaine adjudant-major Ozenne, de la marine, de MM. Bernier et Schmutz, nos officiers, et de M. Crevier, adjudant. Nous sommes quarante ou cinquante zouaves, une douzaine de tirailleurs saïgonnais et une bande de matas (soldats du roi), les uns armés, les autres chargés de la conduite des bœufs attelés aux voitures de vivres.

Ces matas ont pour chef un nommé Maô, homme très brave et d'une énergie peu commune ; il a sur ses inférieurs une autorité morale incontestable, et sa bande — la bande à Maô, comme nous disons toujours — nous rend de réels services. Du reste, nous verrons plus loin que ce Maô n'est pas le premier venu.

La province que nous parcourons (celle de Compong-Toul) est très boisée, ce n'est que bien rarement qu'on y rencontre quelques plaines où croissent le cocotier, l'aréquier et le palmier.

Les villages ne se multiplient pas comme au Tonkin, ils sont aussi moins peuplés, en revanche, nous avons ici de belles pagodes gardées par les talapoins ou bonzes ; ces hommes sont respectés par les parties belligérantes et, bien qu'il n'aient rien à redouter de nous, ils se sauvent néanmoins pour la plupart, à notre approche, nous laissant maîtres de leurs demeures. Ceux qui restent sont pour nous une véritable plaie ; il est impossible de reposer la nuit ; depuis le coucher du soleil, en effet, jusque vers minuit, ils se tiennent assis devant leurs portes, le livre sacré à la main, récitant à haute voix leurs invocations aux dieux.

Minuit sonné, nous **espérons** nous endormir. Nullement, **hélas ! car** c'est l'heure où les bandits que nous poursuivons, viennent tirer des coups de fusil autour du cantonnement ; ils déchargent leurs armes, prennent la fuite, reviennent encore, et font ce manège pendant deux heures.

Ce qui nous fait souffrir le plus c'est le manque d'eau potable, celle que nous rencontrons est très sale ; et il nous faut employer l'alun pour en clarifier un litre sur dix.

Un peu avant Sla-Kus, à la bonzerie de Bacôr où nous sommes parvenus le jour même de notre départ, c'est-à-dire le 14 avril, nous pensions trouver de l'eau et faire la grande halte, mais nous sommes déçus dans nos espérances : les rebelles ont tari les mares, et nous voici contraints de marcher encore, mourant de chaleur et de soif, jusqu'à ce que, parvenus à une deuxième pagode, nous y trouvons enfin un peu d'eau boueuse qui nous permet, l'alun aidant, d'étancher notre soif ardente.

Avant notre entrée dans le village, nous sommes attaqués, mais nous ripostons vivement et dispersons l'ennemi. Nous restons à Sla-Kus la journée du 16 avril.

Au milieu de la nuit suivante, nous entendons une vive fusillade dans le lointain et dès que le jour paraît, un émissaire vient nous annoncer qu'un détachement d'infanterie de marine a été cerné et s'est vu contraint de se retrancher dans la pagode fortifiée de Tapéang-sra-Kol, en attendant du renfort.

La colonne se dirige alors le matin même, dès six heures, à Wat-Pot.

Le capitaine Bernier nous prend quarante hommes, et nous nous rendons à la pagode indiquée, pendant que le sous-lieutenant Schmutz restera à Wat-Pot où nous reviendrons rallier.

La petite troupe se met en marche, guidée par l'émissaire. Les émissaires sont des indigènes pris particulièrement parmi les soldats du chef Maô qui nous suivent sous le nom de « Partisans » et se battent contre les insurgés. Nous les recrutons aussi chez les bouviers qui conduisent nos bagages et, moyennant quarante ou cinquante piastres, selon l'importance des risques à courir, ils portent les dépêches d'un détachement ou d'une colonne à l'autre. Parfois ils sont forcés de traverser les lignes ennemies ; c'est alors que bien souvent ils se font prendre et que nous retrouvons leurs têtes piquées sur des bambous.

Sans faire aucune halte et presque toujours au pas de course, nous arrivons à Tapéang-sra-Kol et apercevons déjà la pagode où sont bloqués nos braves marsouins. Dix minutes encore avant notre apparition, l'ennemi tirait sur eux. Le clairon sonne pour prévenir les assiégés que le secours est là et qu'ils aient à ne point tirer de notre côté. Cette sonnerie a le don d'épouvanter les Cambodgiens qui, n'étant plus en force et braves comme ils le sont, prennent leurs jambes à deux mains, pendant que nous entrons dans la pagode, où nous passons la nuit sans encombre.

Nous étions venus 40 hommes, comme je l'ait dit plus haut, avec M. Bernier, l'adjudant Crevier et deux autres sous-officiers : ce n'était donc pas ce petit nombre qui eût pu en imposer aux rebelles, d'autant mieux qu'ils avaient pris mille précautions pour ne pas être dérangés pendant le siège qu'ils avaient entrepris de la pagode de Tapéang-sra-Kol. C'est ainsi que notre détachement, au sortir de Wat-Pot pour aller à cet endroit, avait trouvé la route encombrée de bambous aux troncs énormes, défoncée en maint-endroits, et obstruée par des fascines auxquelles nous avions dû mettre le feu pour passer.

A peine sommes-nous de retour à Wat-Pot, le 18 avril,
que tout le monde part le soir même, à quatre heures et demie
pour Sla-Kus, puis, le 19, nous visitons successivement
Wat-sra-Kaco et Wat-Poum-Ro où nous trouvons un peu
d'eau potable, ce qui n'est point à dédaigner, les mares
étant presque toutes taries dans ces parages ; le 20, Wat-
Tapok où nous couchons pour faire, dès le lendemain, les
préparatifs d'une expédition sérieuse sur les bords du lac
Bati.

CHAPITRE XVIII

Jusqu'à notre retour à Saïgon et notre nouvelle campagne dans l'Annam, nous allons continuer à balayer la province de Compong-Toul, pourchassant et disséminant les Si-Wotistes chaque fois que nous les rencontrerons, pendant que le 1ᵉʳ peloton de la 1ʳᵉ compagnie et l'infanterie de marine opéreront de leur côté dans les provinces limi-trophes.

Aujourd'hui donc, 21 avril, poursuivant l'itinéraire que j'ai indiqué plus haut, nous côtoyons les bords du lac Bati, petite mer intérieure aux eaux paisibles, très pois-sonneuse, et dont les rivages, avant l'insurrection, étaient peuplés de paillotes habitées par des gens tranquilles, occupés d'un bout de l'année à l'autre aux pêcheries im-portantes du lac.

Nous avons l'occasion de faire en passant un pèlerinage à la tombe des deux camarades Dyon et Magnien frappés ici, le 13 mars dernier, par les balles des rebelles, au combat de Wat-Bati.

Nous les avions inhumés au bord du lac, dans un endroit tout poétique à l'ombre de quelques palmiers ; deux morceaux de bambous mis en croix marquaient leur lieu de repos. Arrivés là, nous faisons cercle et nous nous découvrons ; une prière sort naturellement de nos cœurs au souvenir des deux infortunés qui sont morts au champ d'honneur et que nous jurons encore de venger à brève échéance ; nous avions entouré les croix d'épines pour que les fauves ne vinssent pas déterrer les cadavres ; nous trouvons les épines bouleversées et les croix plantées à l'envers : c'est l'œuvre des bandits qui ont ainsi marqué leur passage et ne respectent pas la mort.

Nous remettons pieusement les tombes en bon état et continuons nos explorations.

Le lendemain, 22 avril, découverte à Wat-Trang-Roméang de quelques cagnas autour d'un camp rebelle, le tout situé à 1 h. 20 de Wat-Bati ; des sentiers étroits et profonds, perdus dans la broussaille, y donnent accès et il faut se plier en deux pour avancer sous les lianes enchevêtrées de la forêt. Ce camp nous a tout l'air d'une fabrique d'armes qu'on a installée là, loin de tout centre habité et au milieu des bois ; nous y trouvons des canons en construction — je dis en construction parce que ces canons sont en bois de palmier ou de cocotier cerclé. — Nous en trouvons neuf avec affûts complets, plus trente bois de fusils bruts, d'autres armes différentes en réparation, et des outils de toutes sortes. Les rebelles ont dû fuir précipitamment à notre approche, car ils n'ont pas eu le temps de rien enlever, et de ces engins quelque peu rudimentaires nous faisons un feu de joie ainsi que des cagnas environnantes.

Un poste militaire au Cambodge.

Le 23 avril, nous repartons à cinq heures et demie du matin, sur la même piste que la veille, scrutant avec le plus grand soin tous les buissons que nous rencontrons et y trouvant encore une quinzaine de fusils et de canons. Mais, le plus intéressant de la trouvaille, ce sont des « poponnes (1) » qui n'ont pu suivre leurs maris et qui, en nous voyant, ont l'air plus mortes que vives. Le capitaine donne l'ordre de conduire à la pagode de Wat-Tréang-Ro-méang, où stationne notre convoi, toute la razzia fémi-nine.

Ces malheureuses femmes, comprenant enfin que nous ne leur voulons point faire de mal, se décident à nous suivre de bon gré. Il y a une Chinoise parmi elles dont la capture est pour nous d'une certaine importance, ainsi qu'on va le voir.

En rentrant en effet au cantonnement, vers dix heures du matin pour déjeuner, nous trouvons un Chinois qui s'avance vers le commandant avec force révérences et répétant de l'air le plus contrit une antienne indéchiffrable, de laquelle nous retenons principalement ce refrain bizarre qui revient à chaque instant : « Chim-chim-boura, chim-chim-boura. » L'interprète de la colonne, nommé Houm, Cambodgien de naissance, mais Français d'origine par son père, ne ménage pas la tête de ses compatriotes révoltés ; M. Klypfeld a donc confiance en lui et le charge de faire parler le Céleste. Le résultat est qu'il vient demander sa femme, la Chinoise dont j'ai parlé, et qui se trouve parmi nos prisonniers. Le commandant, homme de précaution, le fait immédiatement enchaîner après lui avoir insinué par l'organe de l'inter-

(1) On appelle ainsi les femmes au Cambdoge. Au Tonkin ce sont ces « congaï ».

prète qu'il le gardera en son pouvoir et fera, en sa présence, trancher la tête de sa moitié puis la sienne ensuite, s'il ne lui indique le repaire des ennemis.

Les Chinois sont gens pratiques, on le sait; celui-ci donc réfléchit un instant, puis, se disant qu'après tout sa tête et celle de sa femme valent bien celles d'un millier de vulgaires Cambodgiens, il répond sans broncher qu'il nous conduira à l'endroit désiré quand nous voudrons, pourvu qu'on le fasse changer d'effets, car les Si-Wotistes pourraient le reconnaître et lui faire payer plus tard sa trahison.

L'expédition est fixée au 24 avril. Ce jour-là, nous nous mettons en route vers trois heures du matin, guidés par le Chinois que nous tenons à l'œil et dont nous suspectons quelque peu la fidélité.

Les « Partisans » vont en avant de la colonne. Ce sont, comme on l'a dit plus haut, des gens du pays qui se mettent à notre service et combattent pour l'ordre, obéissant au chef Maô, de la bande duquel ils font généralement partie.

Après trois heures passées dans des sentiers à peine frayés, nous débouchons au milieu d'un marais rempli de hautes herbes et de bouquets de bambous ; nous n'avançons qu'avec mille précautions, sondant les moindres recoins.

Les Partisans, qui connaissent tous ces fourrés, ont pris des sentiers plus courts et se trouvent assez éloignés de nous : ils sont soudain attaqués; c'est que, marchant sans ordre et avec trop de confiance, ils sont tombés dans les avant-postes des rebelles ; ils se replient comme ils peuvent sur la tête de colonne, pendant que nous prenons le pas gymnastique et avons la chance de surprendre, à l'est du petit village de Compong-Damrien, au milieu même de ce marais dont je viens de parler, le campement du Kra-la-on-sao, un des lieutenants de Si-Wota. Le brave guerrier s'enfuit à travers le lac sur une barque, pendant que sa femme et son beau-frère se font tuer et que plusieurs de ses soldats restent blessés sur le terrain.

Après une chasse à l'homme d'environ deux kilomètres, nous retournons bride, car nous voici dans ce marais fangeux, avec de l'eau jusqu'à la ceinture. Au camp ennemi où nous avons laissé quelques hommes pour surveiller les prisonniers, nous découvrons cinq barils de poudre et un tonneau de balles rondes, avec tous les ustensiles qui dénotent la présence d'une véritable troupe de nomades. Tout à l'opposé de l'endroit où nous avions dirigé nos feux, un cavalier démonté et blessé, cherche à se faufiler dans les bambous ; un Partisan l'accoste et lui demande ce qu'il veut faire : « Me cacher, dit-il, car les Français sont là. » Il a à peine prononcé ces paroles que son compatriote l'achève froidement à bout portant, après quoi, nous arrivons et, devant les prisonniers parmi lesquels se trouvent, dit-on, sa femme et ses enfants, le même Cambodgien lui tranche la tête de son coupe-coupe et la fixe à un bambou qu'on plante là.

Je dois dire que cette exécution est de règle : tout Cambodgien pris les armes à la main a la tête tranchée ; c'est un procédé employé dans ce pays, dont nous n'usons qu'à regret, mais dont il faut que nous usions et, comme notre nature répugne à cette besogne, nous la faisons exécuter par les indigènes à notre solde.

Après cette cérémonie, nous retournons à la pagode de

Wat-Tréang-Roméang où sont restés nos premiers otages avec quelques gens de Maô pour les garder, emmenant avec nous la monture du cavalier rebelle.

Quand nous fûmes de retour, le commandant, fidèle à sa promesse, remit en liberté le Chinois et sa femme, et tous deux s'en allèrent avec promesse qu'on ne les reprendrait plus en lieu suspect.

Cette marche dans le marais nous avait accablés, et nous allions enfin nous reposer et refaire nos forces, mais nous comptions sans nos remuants voisins, et n'avions pas terminé notre repas du soir qu'il nous fallait reprendre la chasse de quelques vauriens qui, sans doute, n'avaient pas encore brûlé toutes leurs cartouches.

Vingt-cinq hommes en effet, partis d'un côté avec le capitaine, et autant d'un autre côté avec le sous-lieutenant, vont dégager les Partisans encore aux prises avec les rebelles. La bande est bientôt dispersée et vigoureusement refoulée par les alliés.

Le 25 avril, embarrassés des prisonniers, qui, en somme, sont des bouches inutiles à nourrir, nous donnons la clef des champs à tout ce qui est inoffensif, c'est-à-dire aux femmes et aux enfants, gardant seulement les hommes que nous occuperons à diverses corvées.

Le 27 avril, à quatre heures et demie, nous nous mettons en route pour Prey-Touc-Répiam où les rebelles sont culbutés par la colonne de Cauvigny, qui se trouve également dans ces parages.

Le 29, nous attaquons, à Thnot-Pen-Leu, une bande qui est bientôt dispersée ; les Partisans ont, peu après, maille à partir avec leurs compatriotes révoltés et, au cours d'un engagement où la partie est assez vivement disputée, parviennent enfin à les repousser. Deux jours après, nous sommes de retour à Compong-Toul, puis nous explorons, dès le lendemain, 2 mai, Wat-Tapock où la bande à Maô vient nous rejoindre. Le 3, nous allons à Wat-Ang-Pruch où nous cantonnons vers la fin de la journée.

Wat-Tapock et Wat-Ang-Pruch sont tout simplement deux bonzeries, soit en tout cinq ou six cagnas avec une pagode qu'entoure un vivier et à laquelle un pont de bois permet d'accéder. Tout autour, de vastes forêts vierges projettent une teinte sombre et sont, pour les Si-Wotistes qui y pullulent, un refuge naturel et bien précieux.

Le 4 mai, nous prenons, dès cinq heures, la direction de Wat-Bati pendant que le convoi, sous les ordres de l'adjudant Crevier, s'engage sur Wat-Préhia-Tranch où nous devons le rejoindre.

Cette même journée, les Partisans infligent des pertes sérieuses à la bande du chef révolté Sandan-Khéo. Le lendemain, de très bon matin, nous partons en reconnaissance pour surprendre un autre chef rebelle, le prince Bon-Navong-Poum-Créang-Phnaô — un nom qui, s'il n'est pas d'une aristocratique harmonie, se rattrape en longueur au moins. — Mais Poum-Créang, qui est bon prince et surtout amoureux de sa personne, a le soin de s'éclipser devant nous, et, ce jour-là, il échappe à nos investigations.

Aujourd'hui, 5 mai, je reste à la garde du convoi avec le sergent-major Leroux: j'en profite pour mettre à terre un superbe cocotier, et les soixante ou quatre-vingt belles noix que j'en retire, reçoivent des camarades, à leur retour, l'accueil le plus flatteur. Dans la soirée, nous nous rendons à Tong-Roméan. A Wat-Pru-Thûng, où nous nous trouvons le 7 mai, nous manquons perdre deux camarades Aujane et un autre qui, étant allés se laver à la rivière voisine, sont entraînés par le courant.

Tous deux sont sauvés par des indigènes accourus à leurs cris.

Le 8, des bruits circulent relativement à notre départ pour Phnom-Penh. En tout cas, nous nous tenons prêts à partir.

Ce jour-là, nous faisons une reconnaissance de trois heures, le matin.

Dans la soirée, nous recevons officiellement l'ordre de partir pour Phnom-Penh, d'où nous embarquerons sans doute pour Saïgon. A cette heureuse nouvelle nous poussons un soupir de soulagement.

Phnom-Penh !... ce mot résonne doucement au fond de mon âme ; Phnom-Penh, Saïgon, le grand embarquement, peut-être, puis Oran, puis Marseille, la France enfin, telle est la vision rapide qu'évoque en mon esprit l'ordre imprévu que nous recevons d'évacuer la province de Compong-Toul !

Hélas ! les événements qui vont encore se dérouler prouveront au lecteur que je me berce dans de douces mais trop vaines illusions. On verra d'abord que les rebelles n'ont pas dit leur dernier mot avec le 2ᵉ Zouaves.

Au reçu de la dépêche qui nous est apportée par un « tram » ou émissaire, le commandant Klypfeld, escortéde quelques hommes se rend, la nuit, au poste de Compong-Toul, au lieu d'aller directement à Phnom-Phen.

Le 9 et contrairement aux premières instructions, nous prenons le même itinéraire et rejoignons le commandant vers onze heures du matin.

A une heure, les rebelles, qui ne nous soupçonnent point
à et ne croient le poste occupé que par son contingent
habituel, commencent à se montrer à l'horizon et, au
moment de notre déjeuner, à nous avertir de leur présence
par quelques bordées d'abord inoffensives. Ils ont reçu un
renfort de douze cents hommes, et ne se proposent rien
moins que d'enlever gaillardement le poste et ses défenseurs.

En un clin d'œil, il est, en effet, cerné, mais à distance
encore, et nous, qui cantonnons dans une grande cagna
en face, nous pouvons voir l'ennemi sortir de la forêt et
descendre dans la plaine : on dirait une bande de loups
qui fuient devant une battue. Ils se déploient par escouades
de vingt hommes environ, sautant d'un buisson sur l'autre
et s'approchant toujours insensiblement : ils ne sont plus
qu'à 300 mètres, leur fusillade redouble, mais nous les
laissons faire.

A un moment donné cependant, les officiers, qui n'ont
pas encore voulu se déranger de leur déjeuner, estiment
enfin qu'il est temps de se débarrasser de ces tapageurs
qui deviennent par trop agressifs ; M. Schmutz vient nous
trouver dans la cagna, et nous groupe de telle façon qu'en
sortant et au premier commandement nous soyons prêts
à emboîter le pas gymnastique et à faire feu. Le signal ne
se fait pas attendre longtemps ; nous débouchons soudain
et courons sus à l'ennemi, ne nous arrêtant que pour le
gratifier d'un feu nourri qui met le désordre dans ses
rangs et lui fait beaucoup de tort, à en juger par les hommes
que nous voyons tomber et par les cris de rage que
poussent nos Cambodgiens en les ramassant pour les faire
disparaître.

Tout ce monde si brave, il y a un instant, se sauve désormais comme par enchantement et les soldats du poste agissant maintenant de concert avec nous, nous envoyons des feux de peloton qui déciment les insurgés et les font rentrer dans leurs tanières.

Ils n'ont pu enlever tous leurs morts et, sur le champ de bataille, nous en remarquons un particulièrement vêtu d'un kéo chinois et qui était porteur d'un fusil Gras dont nous nous emparons.

L'expédition terminée, nous nous apercevons que nous n'avons pas déjeuné ; nous retournons donc à nos fourneaux l'estomac creux, car cette promenade, qui n'a pas été sans résultat, comme on vient de le voir, nous a tenu lieu d'un trop complet apéritif.

Dès le lendemain, 10 mai, nous prenons le chemin de la capitale et y arrivons dans la journée.

On s'empresse autour du vaguemestre qui distribue le dernier courrier venu de France ; on lit avidement les lettres, ces messagères impatiemment attendues qui nous apportent toujours, avec de doux échos de la Patrie et de la famille absentes, les quelques sommes qu'une mère ou une sœur a prélevées sur ses épargnes et glissées délicatement dans l'enveloppe à l'intention de son petit zouave ; on pleure d'émotion à cette pensée qu'on va peut-être bientôt se mettre en route pour le grand voyage et embrasser les vieux parents qui attendent et pensent le soir, au coin de l'âtre, à l'enfant parti si loin. Puis, après qu'on a donné à ces êtres chéris le pieux et long souvenir qu'on leur doit, on se livre à la joie effrénée qu'on éprouve toujours entre camarades qui se retrouvent après une absence qui n'a pas été sans dangers pour les uns comme pour les autres ; on se compte, on se cherche, on s'appelle, on est heureux de se serrer la main, et les officiers qui voient tout cela, non seulement nous laissent faire, mais encore se mêlent à nous et prennent part à la joie générale.

C'est qu'en effet, lorsqu'on est en campagne, au milieu des dangers de toutes sortes, il existe entre l'officier et le soldat un rapprochement et un laisser-aller qu'on ne peut rencontrer en garnison, une estime mutuelle, qu'on ne trouve pas ailleurs, quelque chose enfin comme de la cama-raderie : c'est une sympathique estime chez l'un, un dévoue-ment affectueux chez l'autre, et le tout résulte de cette existence commune de chaque jour et de cette simultanéité de risques encourus.

J'ajouterai donc qu'en dehors des mandats-poste qui ont traversé les mers pour nous, nous avons, depuis quatre mois que nous battons la brousse, accumulé prêts sur prêts et que ce sont de véritables petites fortunes que nous avons à dépenser. Il faut si peu pour contenter le soldat que, lorsqu'il rentre d'excursion avec quelques louis dans son sac, il se trouve être un petit Rothschild.

Aussi, faut-il voir quelle joie règne au milieu de nous. Chacun va de son côté, des escouades entières assiègent les petits restaurants qui sont là, et tous, nous cherchons, très légitimement du reste, à oublier un instant entre cama-rades les fatigues et les privations passées. Des matelots ont mis pied à terre et fraternisent avec nous ; l'un d'eux, jouant merveilleusement de l'accordéon, est largement mis à contribution et, le dîner fini, au son d'une musique que nous trouvons délirante, nous piquons des entre-chats jusques assez avant dans la nuit. De retour à nos cantonnements, nous apprenons avec stupeur que nous ne sommes point encore à la veille de notre embarquement ; il y a eu contre-ordre et, pour un mois encore, nous allons organiser une colonne. Bon gré mal gré, il faut en prendre son parti, nous abandonnons, quant à présent du moins, les beaux projets de retour que nous formions, il y a un instant encore, et ne songeons plus qu'à bien nous cuirasser, au moral comme au physique, contre les nouveaux hasards que nous devons affronter.

La saison n'est pas favorable pour inaugurer cette nouvelle chasse à l'homme : nous voici dans la période des pluies, et Dieu sait si elles sont persistantes au Cambodge.

CHAPITRE XIX

Deux jours après notre arrivée à Phnom-Penh, c'est-à-dire le 12 mai, nous regagnons Compong-Toul avec recommandation de battre la campagne jusqu'au 18 juin.

Pendant tout ce temps, nous n'avons que quelques engagements peu sérieux avec les Si-Wotistes ; en revanche, nous souffrons beaucoup du mauvais temps : les plaines sont submergées, surtout celles qui avoisinent le Mé-Kong et ses affluents. Nous marchons constamment dans la boue, et quelquefois nous avons de l'eau jusqu'aux genoux, quand ce n'est pas jusqu'à la ceinture. Ces petites rivières nous les passions, il y a un mois, presque à pied sec ; pour les traverser aujourd'hui, il faut préalablement sonder les endroits et reconnaître les anciens gués avant de s'y engager.

Tous ces obstacles accumulés nous font perdre des journées entières, aussi nous ne pouvons plus faire que dix ou douze kilomètres par jour. Le temps n'est plus couvert, et un soleil ardent vient accroître nos malaises, car ses feux, qui se reflètent sur la surface tourmentée des eaux, nous éblouissent et fatiguent la vue, pendant qu'une chaleur de plomb rend les insolations plus fréquentes. De nombreux cas de dysenterie, des maux aux jambes, telle est la résultante immédiate d'un aussi fâcheux état de choses.

Le 13 mai, la colonne de Cauvigny va de son côté, et nous, nous partons dès le lendemain pour Wat-Préhia-Tranck et Bacôr. Le 18, nous avançons sur Wat-Pnom, et y arrivons vers 9 heures du matin, tout juste pour culbuter une bande qui l'occupait. Pendant la nuit, les rebelles viennent tirer sur notre camp, mais ils se décident, après quelques feux, à abandonner la partie, tout bien placés qu'ils sont sur la montagne qui commande le poste.

Le 19, à cinq heures du matin, la moitié de la colonne se dirige du côté de Trapeng-Leuc, puis, la concentration faite, on s'achemine vers Wat-Alang-Kéhul. Dans la nuit, nous tuons deux rebelles. De là nous passons à Wat-Ang ; nous y retrouvons le capitaine Bernier, tandis que M. de Cauvigny, qui nous a rejoints précédemment, balaye le terrain jusqu'à Baty.

Enfin, le 22 mai, M. Schmutz, notre sous-lieutenant, se dirige vers Compong-Toul, pour de là nous quitter et s'embarquer à Phnom-Penh à destination de Hué.

Quelques jours après son départ, nous nous trouvons à Wat-Tapock.

A cet endroit la colonne est disloquée ; vingt-cinq hommes vont plus loin et les autres, dont je fais partie, restent là en observation. Nous profitons de la journée pour bien nous fortifier dans la pagode qui nous abrite, pagode très rudimentaire d'ailleurs et élevée au-dessus du sol sur quatre piliers de bois.

Nous organisons tout autour un retranchement avec des madriers que nous nous sommes procurés par la démolition d'un pont jeté sur le ruisseau qui est près de nous ;

nous faisons un enchevêtrement de lianes et de bambous flexibles, et nous voici garantis en cas d'attaque nocturne : nous ne devons redouter qu'un assaut.

La nuit venue, alors qu'on n'entend plus autour de nous que le clapotement babillard de la petite rivière et, dans les profondeurs des bois, que la voix lugubre et rauque des fauves qui se répondent, ou les cris étranglés d'une troupe de singes qui a pris son campement dans les arbres voisins, nous vaquons aux dernières mesures de sûreté générale.

Bien nous a pris car, vers onze heures, la fusillade commence, et les balles pleuvent sur notre abri. L'adjudant Crevier, qui est resté avec deux autres sous-officiers, assigne à chacun sa place auprès des fissures pratiquées dans le mur de la pagode en forme de meurtrières. Défense est faite de tirer sans en avoir reçu l'ordre, car nous n'avons par homme que vingt paquets de cartouches, et la nuit n'est pas finie : nous ne devons donc riposter qu'au dernier moment. Ce que nous avons prévu s'effectue ; l'ennemi, voyant qu'on ne lui répond pas, finit par vider les lieux, tandis que nous n'avons brûlé qu'une trentaine de cartouches.

Au petit jour, un tram est dépêché vers M. Bernier qui, craignant une attaque plus sérieuse la nuit suivante, vient nous rejoindre avec ses hommes.

La nuit se passe sans nouvel incident.

A quelques jours de là, nous reprenons la route de Wat-Préhia-Tranck : nous y surprenons les rebelles en train de faire leur cuisine : à notre arrivée, ils prennent la poudre d'escampette, abandonnant sur place les marmites de « quiou-quiou » et les sauces de « nuoc-man » qui sont là tout apprêtées.

Vers midi, ils reviennent en force : l'action est vive, et, ce jour-là, il m'est permis de les considérer de très près, puisqu'ils ne sont plus qu'à 25 mètres de nous ; ils savent si peu se battre que je vois le moment où nous allons les prendre à la baïonnette, car ils se sont avancés témérairement sans se rendre compte que nous marchons droit sur les meules de paille de riz derrière lesquelles ils sont cachés.

Mais nous comptons sans la « bande à Maô » qui, débouchant soudainement de côté, lance des cris de paons effarouchés et fait que l'ennemi se ravise, rebrousse chemin et gagne le bois, non sans laisser quelques hommes sur le terrain. Au soleil couchant, nouvelle alerte ; là je brûle pour mon compte quatre-vingt-six cartouches, à genoux et sans remuer : un camarade tire jusqu'à cent vingt coups.

Ce combat occupe une partie de la nuit, mais les Si-Wotistes finissent par prendre le large après s'être vantés devant un Chinois, qui nous le raconte, qu'ils voulaient nous prendre morts ou vifs dans cet endroit.

Pendant le mois qui vient de s'écouler, nous constatons que les habitants réintègrent leurs villages et commencent à cultiver leurs champs. Où étaient-ils pendant la belle saison ? sans doute avec Si-Wota. Actuellement, ils ne se sauvent plus à notre approche : femmes et enfants sortent sous leurs vérandas et nous regardent curieusement passer. Les hommes sont à leurs travaux, et nous ne rencontrons plus dans les villages et dans le pays en général l'effervescence des temps derniers.

Le 18 juin, nous quittons Compong-Toul, où nous sommes entrés depuis quelques jours ; nous y apprenons que nous allons enfin faire voile pour Saïgon, et cette fois la nouvelle est officielle, nous serons embarqués dans dix jours.

Durant ce laps de temps, une cérémonie militaire a lieu, qui a son importance, aux yeux surtout des indigènes, dont elle doit frapper l'imagination. Il s'agit de la décoration du chef cambodgien Maô, qui, en récompense de ses services à la France, est nommé chevalier de la Légion d'honneur.

Le 20 juin, toutes les troupes qui se trouvent à Phnom-Penh sont sous les armes et rangées sur la place du Palais de la manière suivante : une escouade du génie, quelques hommes du train des équipages, la 1re compagnie du 2e régiment de zouaves, des soldats d'infanterie de marine, des tirailleurs saïgonnais et enfin, la fameuse, l'inséparable « bande à Mâo ». Bien qu'à peine vêtus, les Partisans se présentent en grande tenue ; je veux dire avec une chevelure très soignée, très lisse et imprégnée des parfums les plus forts : on dirait une armée de coiffeurs ou de marchands d'onguents, venus exprès pour faire de la réclame. Ils sont là, ne bronchant point, l'arme au pied — je parle de ceux qui ont un fusil — fiers et heureux de la distinction accordée à l'un des leurs.

Tous les officiers présents à Phnom-Penh, assistent à cette prise d'armes et Maô paraît enfin, porteur, pour la circonstance, de son plus bel accoutrement, la traditionnelle bande de coton autour de la ceinture et un ample paletot sur les épaules, accoutrement bizarre, il est vrai, mais qui donne néanmoins, à celui qui le porte, une physionomie empreinte d'une certaine dignité.

Le chef cambodgien paraît satisfait au suprême degré de l'honneur que lui décerne le Gouvernement de la République française.

Le commandant passe la revue, après quoi, s'avançant vers Maô, il lui attache sur la poitrine l'étoile des braves en lui donnant l'accolade. Nous présentons les armes pendant que les clairons font entendre la sonnerie réglementaire, puis, c'est avec une émotion visible que le nouveau légionnaire tend la main à chaque officier.

Il porte très crânement les insignes de l'honneur, sourit parfois le plus gracieusement qu'il peut, et s'arrête même pour parler quand il reconnaît l'un de nous. Enfin, il disparaît avec les officiers pendant que nous regagnons nos cantonnements.

Le 28 juin, nous embarquons enfin pour Saïgon. Nous sommes depuis quinze mois en Indo-Chine, mais le service qu'on exige de nous ne doit pas se limiter à nos colonnes du Tonkin et à nos marches du Cambodge, ces dernières, si pénibles cependant, comme on a pu le voir dans les chapitres qui précèdent.

De Saïgon, nous irons à Hué.

Là, nous prendrons un peu de repos bien gagné, après quoi, il nous sera loisible de renouveler connaissance avec les pirates qui infestent encore l'Annam et le Tonkin, hordes sauvages que nous mettrons longtemps à réduire, parce qu'elles n'ont pas dit leur dernier mot. Notre présence est donc encore jugée nécessaire dans ces parages.

Nous sommes prévenus, et tous nous préférons cela, car, de cette façon, nous ne nous bercerons pas des espérances chimériques d'un retour plus ou moins prochain dans la Patrie, ce que nous avions déjà fait lors de la première nouvelle de notre rentrée à Phnom-Penh.

Chacun donc se prépare à partir, et la perspective de nouveaux pays à explorer nous satisfait assez pour nous

faire accepter encore sans la moindre arrière-pensée, le
nouveau sacrifice qu'on demande à notre patriotisme et le
dernier effort qu'on exige de notre courage.

Je dois à mon régiment et surtout aux camarades de la
1re compagnie, de consigner ici les adieux que nous fait, par
la voie du rapport, le brave commandant Klypfeld, qui
nous a continuellement dirigés dans notre expédition du
Cambodge. Il vient de s'embarquer pour la France, après
un séjour de plus de trente-six mois en Indo-Chine. Je cite
donc, à quelque chose près et de mémoire, le passage qui
nous concerne : « Avant de repartir en France, dit-il, j'ai
« à cœur de vous exprimer la satisfaction que j'ai éprou-
« vée de marcher avec vous. En vivant six mois avec une
« partie de ses membres, il m'a été donné d'apprécier la
« grande famille du 2e Zouaves dont la renommée n'est
« plus à faire et qui, dans toutes les batailles qu'elle a
« vues, a toujours rivalisé de bravoure et d'entrain.

« Officiers, sous-officiers et soldats, vous avez marché à
« travers des sables brûlants, sous une chaleur tropicale,
« manquant bien souvent de vivres, et vous avez su résis-
« ter quand même à tant d'obstacles accumulés ! Au com-
« bat, vous avez déployé le plus grand courage, et je ne
« regrette qu'une chose, c'est que vous ne soyez pas rapa-
« triés sur le même transport que moi.

« Adieu, mes zouaves ; heureux officiers qui avez l'hon-
« neur de commander ce régiment, adieu ! je n'ai plus
« qu'un mot à vous dire : soyez persuadés que mes meil-
« leurs souvenirs militaires seront toujours pour la
« 1re compagnie du 2e Zouaves ! »

Une dernière fois, nous visitons la capitale du Cambodge :
Phra Norodom, maintenant, est assez tranquille dans ses

États, que nous laissons désormais sous notre protection plus immédiate encore. Quelques-uns parmi nous mettent à jour leur petit carnet de voyage ; il y a beaucoup à dire sur cet ancien empire des Kmers ; d'autres bourrent leurs sacs de menus souvenirs faciles à emporter, puis nous nous embarquons, heureux de nous retrouver en assez grand nombre encore. Il est vrai que notre petit détachement a été bien éprouvé ces temps derniers par les rigueurs d'une saison malsaine ; la dysenterie et les fièvres minent encore beaucoup de camarades, mais ils ont néanmoins l'espoir de se remettre quand nous serons à Hué.

Quelques-uns, hélas ! il faut bien le dire, une quinzaine sur cent cinquante dont se composait la 1re compagnie à son départ d'Haï-Phong, ne reviendront plus, ils sont morts frappés des balles ennemies, mais c'est ainsi à la guerre et il faut savoir s'incliner ; sur le pont du bateau qui va nous emporter, on parle d'eux ; ceux qui les ont vus mourir racontent leurs derniers moments, et les paroles suprêmes pour le père et la mère qui ne pourront plus les serrer dans leurs bras, puis, soudain, le sifflet donne son premier signal, suivi bientôt d'un second.

A ceux qui restent à terre nous envoyons nos adieux et, tout doucement, nous nous mettons en marche.

Le bateau semble seulement se laisser aller au courant de l'eau jusqu'à ce que, doublant de vitesse, nous filons sans aucun arrêt une moyenne de dix nœuds.

Nous revoyons avec le même plaisir les mêmes splendides paysages que nous avons admirés une première fois, et, pendant que notre petit navire fend l'onde tout tranquillement et trace derrière lui un long sillage qui va mourir dans les roseaux, nous repassons devant les jolis bois de palétuviers toujours peuplés d'oiseaux moqueurs ; nous retrouvons les grandes rizières qui se succèdent, pleines de promesses, et les jonques de pêcheurs qui vont et viennent à côté de nous ou se cachent dans les hautes herbes, et les villages, enfin, d'un aspect si pittoresque, perdus qu'ils sont dans les bambous.

Si parfois nous nous approchons des bords, une buée aromatique s'échappe soudain, et c'est une odeur de benjoin mêlée à celle du cannelier qui vient délicieusement nous flatter l'odorat.

Plus loin, la vue se repose avec complaisance sur de gigantesques lotus qui marient leur azur à la blancheur immaculée du nymphéa.

Décidément, ce beau Mé-Kong est un charmeur qui nous porte à la rêverie !

A Mytho nous retrouvons la même animation, le même encombrement de jonques et de sampans près des quais d'embarquement. Mais nous filons sans nous arrêter, et un coup de sifflet bien nourri, voilà tout ce qu'ont de nous les badauds qui venaient en foule pour nous voir accoster.

Ici nous sommes en Cochinchine, et nous nous sentons chez nous ; la colonisation a fait dans ce pays d'immenses progrès ; des Européens, des Français surtout, ont, sur les rives du fleuve, de jolis cottages, des villas ou des fermes de rapport qui ne sont point à dédaigner.

En mouillant dans les eaux du cap Saint-Jacques pour remonter à Saïgon, un officier nous fait remarquer le mât du *Norodom I*ᵉʳ, transport qui a sombré dans un mousson il y a quelque temps, et dont l'équipage et les passagers, sauf deux, sont restés dans le gouffre.

Enfin, dans la matinée du 30 juin 1886, après une navigation de 36 heures seulement, nous débarquons à Saïgon.

CHAPITRE XX

Sur le quai, stationne la musique militaire qui a été prévenue de notre arrivée, et c'est aux accents de la Marseillaise que, remplis d'une émotion joyeuse, nous mettons pied à terre.

Les habitants, noirs, jaunes ou blancs, sont venus en foule et nous font presque une ovation : nous nous demandons un peu ce que tout cela veut dire, et ne nous expliquons que difficilement cette affaire et cet accueil si sympathique, n'ayant, après tout, accompli jusqu'ici que notre devoir.

Dès que le dernier zouave a franchi la passerelle qui relie le bateau au quai, nous nous mettons en route, musique en tête, et prenons la direction des casernes où nous allons cantonner pendant notre séjour dans la capitale de l'Indo-Chine française.

Dans la caserne que nous occupons, deux cantines bien aménagées, permettent très facilement d'augmenter le menu réglementaire quand on n'a pas les loisirs de sortir en ville.

Au centre, c'est l'infirmerie, une infirmerie à vous faire souhaiter d'être malade, puis, à côté, le logement de la musique.

Vers le soir, après avoir remis notre tenue en ordre, après que le fourniment et, en première ligne, le petit Kropatscheck, ont été consciencieusement astiqués et que nous sommes parvenus à atténuer quelque peu notre extérieur négligé, conséquence nécessaire d'une campagne en mauvaise saison, nous sortons en ville et faisons quelques stations dans plusieurs des beaux cafés qui y sont installés.

Puis enfin, huit jours après notre arrivée, c'est-à-dire le 8 juillet 1886, nous reprenons le transport *le Tonkin*, à destination de Thuan-An et Hué.

Sur cette nouvelle campagne que nous allons entreprendre dans l'Annam, je ne m'étendrai pas ; elle sera longue, puisqu'elle va durer un an, du 8 juillet 1886 au 28 juin 1887 : pendant tout ce temps, nous voyagerons sans nous arrêter, pourchassant les bandes de rebelles ou de pirates qui, méconnaissant la foi des traités, désolent les riches campagnes de cet empire, depuis Hué jusqu'à Quang-Nam et les monts Da-Raqhs.

Nous explorerons donc le pays un peu dans tous les sens, la province de Quang-Khé et celle de Quang-Nam, visitant Quang-Tri, Phu-Viet, Dong-Hoï, Quang-Ké encore, etc. Nous ferons, sous le commandement du lieutenant-colonel Boilève et avec notre cher capitaine, M. Bernier, une assez longue excursion au col de Déo-Lê, en passant par Hoa-Mû, puis nous parcourrons les plaines de Gien-Binh, et passerons à Hâ-Dong ; ce sera un véritable " steeple chase " que cette marche exécutée ensuite sur Trami pour revenir de là sur Quang-Nam et nous préparer enfin, à Tourane, le 28 juin 1887, au solennel retour dans la Patrie.

Cette campagne, sur laquelle le cadre de ce livre ne me

permet pas d'insister, fera l'objet d'une seconde étude ;
c'est ce qui m'amène à parler immédiatement de nos préparatifs de départ pour l'Algérie.

Il est bon de dire qu'entre temps nous avons reçu la
médaille commémorative de cette expédition à laquelle nous
venons de prendre part. C'est lors de notre séjour à Hué
qu'a eu lieu la cérémonie.

Par une belle matinée d'août — c'était le dimanche 22 —
tout le monde étant sous les armes, le commandant
Lechers nous a lui-même attaché sur la poitrine le souvenir précieux que nous avons payé de nos fatigues et que
nous emporterons fièrement à nos mères. Le commandant
a eu un mot aimable pour chacun, et c'est rempli d'une
émotion visible, qu'il nous a serré affectueusement la main
à tous.

. . . .

Notre séjour en Extrême-Orient est donc désormais terminé ; nous avons payé notre dette à la Patrie, aussi allons-
nous joyeusement regagner nos foyers.

Nous voici deux cents sur le quai d'embarquement qui
attendons, avec une impatience bien légitime, que le signal
nous soit donné d'envahir la passerelle.

A huit heures du matin, nous sommes tous sur le pont
du *Cachemire*, magnifique transport de la compagnie
Fressinet. Les 2e, 3e et 4e compagnies, avec la section hors
rang, se sont déjà embarquées à Thuan-An. Nos officiers,
enchantés, eux aussi, du départ pour la France, s'entre-
tiennent avec nous de la campagne qui vient de finir,
des dangers passés et des fatigues courageusement sup-
portées.

Cette idée du retour vers la famille donne du courage

aux plus malades, et c'est au milieu des bravos enthou-
siastes de tous qu'on entend grincer le cabestan qui
remonte l'ancre et qui tire les amarres à bord.

Un coup de sifflet formidable et prolongé indique que
tout est prêt ; nous souhaitons bon courage et bonne
chance aux camarades qui sont à terre et qui restent
encore ici ; les mouchoirs et les képis s'agitent et, tout
doucement, dans l'après-midi, le navire prend son élan et
atteint bientôt sa vitesse normale.

Une dernière fois, nous nous retournons du côté du
rivage ; une dernière fois, nous contemplons ces rizières
immenses que nous avons si souvent parcourues et dans
les sillons desquelles blanchissent déjà les os de tant de
nos infortunés frères d'armes; nos regards s'arrêtent instinctivement sur les toits de ces pagodes bizarres et de ces
paillottes misérables qui nous abritaient, puis, quand cette
dernière vision est passée, alors que la distance a jeté sur
tout cela son horizon lointain, désormais impénétrable,
nous faisons abstraction complète dans notre esprit de
tout retour en arrière, pour nous livrer délicieusement à
cette joie intime que nous procure la pensée des vieux
parents prévenus déjà de notre arrivée prochaine.

A Singapour, nous nous arrêtons pour faire charbon :
chacun en profite pour se procurer des bibelots chinois,
des singes, des perroquets et des produits du pays, qu'on
emportera chez soi. Que de petits quadrumanes, que de
jolis jaseurs achetés là, ne verront même pas les côtes
d'Afrique !

A Ceylan, voici encore des milliers de petites barques
qui entourent le paquebot, et les nageurs intrépides qui
les montent exécutent des plongeons aussi merveilleux

que drôlatiques pour les cinq ou dix centimes que nous leur envoyons.

Sans aucun autre incident, nous reprenons à bord cette même vie que j'ai décrite pendant notre première traversée, nous arrivons en vue d'Aden, où nous ne faisons pas escale, pour entrer de suite dans la mer Rouge.

Bientôt nous sommes à Suez où l'on nous met en quarantaine, mais le commandant du bord, qui ne se laisse pas intimider par ce contre-temps, parlemente avec les autorités et obtient qu'on lève immédiatement la quarantaine. Nous traversons alors les lacs amers, le lac Tamsi, nous brûlons Ismaïlia, et atteignons enfin l'autre extrémité du canal, puis Port-Saïd, où nous faisons charbon.

Voici enfin la Méditerranée ; nous sommes déjà heureux, parce qu'elle baigne les côtes de France ; nous comprenons que nous sommes chez nous lorsque *le Cachemire* débouche du canal pour glisser majestueusement sur ses eaux bleues.

Le 12 août, nous mouillons dans le port d'Oran, vers huit heures du soir ; des camarades viennent dans des barques nous souhaiter la bienvenue. Comme il est tard, nous ne descendrons que demain à terre.

Le 13, on sonne la diane à bord : tout le monde est depuis longtemps réveillé ; nous passons la revue du major d'Oran. La musique du régiment, qui est venue nous chercher, joue pendant le débarquement, et une fois cette opération terminée, nous nous mettons en marche, précédés par la fanfare qui nous conduit à Gambetta où des tentes sont dressées pour nous recevoir.

Lorsque nous traversons la ville, des bouquets nous sont jetés par les fenêtres, et des drapeaux tricolores flottent un peu partout. Les habitants nous font un accueil chaleureux, qui nous impressionne beaucoup et que nous n'oublierons point.

Cinq jours durant, nous sommes ainsi fêtés, jusqu'à ce que, libérés enfin du service actif, nous prenons de nouveau la mer, le 17 août, pour débarquer à Marseille 37 heures après.

Parlerai-je de mon retour au village? Qu'il me suffise de dire qu'en y rentrant je retrouvai mon père qui, ne comptant plus sur moi, pleurait de joie en me revoyant après une si longue absence ; je retrouvai ma sœur et puis Maxime, un gros bébé joufflu qui, pendant mon séjour dans l'Annam, était venu augmenter la famille et remplir ma place vide au foyer paternel. L'enfant, lorsque j'entrai, tendit vers moi ses bras dodus, et ce ne fut pas, certes, la moindre de mes joies retrouvées que de presser sur mon cœur ce petit ange, notre consolation à tous.

Il frôlait, en minaudant, son frais visage contre la figure hâlée du zouave..... et, dans ses boucles blondes, je versai deux grosses larmes, deux larmes de bonheur celles-là.

C'est à dater de ce jour que la pensée me vint de recueillir, pour lui, mes souvenirs et de les consigner dans ce journal que je clos aujourd'hui.

CONCLUSION

Ces lignes, qui racontent la vie militaire du zouave Bomer, peuvent être le résumé de la vie de chacun de ses camarades, vie d'égalité, d'abnégation et de discipline.

Lorsque nous avons recueilli ces notes et classé tous ces récits que nous faisait si simplement le petit zouave,

au coin du feu pendant les longues veillées d'hiver, alors
que toute la famille réunie se plaisait à lui faire raconter
des choses que, lui, trouvait toutes naturelles, nous ne
pensions pas les publier. L'idée seule que ce livre pourra
intéresser des amis et surtout les élèves de nos écoles
nous a engagés à le présenter au public.

A vous donc, jeunes lecteurs, nous disons : Préparez-
vous, dès l'école, à devenir plus tard des hommes sérieux
et instruits ; à votre tour, sans doute, il vous faudra marcher pour défendre la sainte cause qu'ont défendue vos
devanciers. Puisse la France trouver en vous, ce jour-là,
des cœurs vaillants et des soldats qui sauront exposer leur
vie quand il s'agira de soutenir ses droits et de défendre
son drapeau !

Paul SAINMONT.

(*Tours*, 1er *juillet* 1889.)

TABLE DES MATIÈRES

CAMBODGE

Tours. — Imprimerie Deslis Frères, rue Gambetta, 6.